# 3분, 인생을 바꾸다
3min. change your life

3분, 인생을 바꾸다
3min. Change Your Life

삶을 이끄는 지혜를 찾아서

野村 이 청 원 지음

기술과가치

책을 펴내면서

급변하는 지속 가능한 사회 속에서 삶의 질은 끊임없는 적응과 혁신을 통해 향상되고 있다. 물론 지속 가능한 전환 속에서 삶의 질의 환경적 책임과 개인의 행복 간의 균형을 찾아가고 있다.

이 안에서 행복한 삶에 대한 질의 한계는 객관적으로 판단하는 기준이 아니다. 각 개인의 심리적 인식상태에 따라 다르게 느껴지는 관념으로 주관적이다. 어떤 사람에게는 삶이 쉽고 행복한 것처럼 보이고, 다른 누군가에게는 큰 도전 앞에 허덕이는 삶으로 비춰지기도 한다.

그러나 분명한 사실은 변화되는 환경에 따라서 끊임없이 각자 재정립하며, 지속 가능한 삶으로 발전하기 위한 경험 속에서 지혜를 쌓아간다.

사물은 능력이나 기능 따위가 더 이상 미치지 못하는 막다른 한계점이 존재한다. 즉 기계는 고유의 설계한계를 가지고 있으며, 이를 초과하면 고장이 나거나 작동을 하지 않는다.

인간의 가능성은 무한하다고 할 수 있다. 즉 잠재력, 창의성, 학습능력 등이 끊임없이 발전할 수 있다는 점이다. 그런데 어떤 사람은 '한계구나'라고 느끼면 멈춘다. 만약 이러한 행동을 한다면 사물과 다를 바가 없다.
　이러한 심리적 현상이 일어나는 순간에는 앞이 보이지 않고 걸어온 길을 돌아보게 된다. 따라서 사물의 물리적 기능과 같이 한계를 느껴 멈춘다면 그 자체가 좌절로서 퇴보의 길이 될 수 있다.

　이럴 때 우리 인간이 가지고 있는 잠재력과 도전정신이 필요하다. 추진 의지와 추진력이 강한 사람은 과거를 디딤돌 삼아 앞을 본다. 한계를 심리적으로 인식하지만, 그 심리적 한계는 극복을 위한 인내의 관문이기 때문이다. 따라서 한계를 느껴서 멈추기보다는 그것을 넘어서기 위한 노력과 투지가 중요하다.
　우리는 늘 '왜?'라는 질문을 통해서 학습하고 방향을 찾아간다. 철학적 의미에서 '왜?'라는 질문은 '고뇌'에서 비롯된 것이다.

이를 해결하기 위해서는 자연과 깊이 공감하고, 세상과 소통하며 답을 찾아야 한다.
　이 문제는 결국 자신이 스스로 인내하며 풀어야 할 과제이기도 하다. 그러나 그 과정에서 자연스럽게 여러 가지 의문이 생길 수밖에 없다.
　예를 들어, 어떻게 풀어야 할지에 대한 방법에 관한 고민이 있을 것이고, 어디서 풀어야 할지, 즉 환경이나 장소에 대한 질문도 생긴다. 또한 누구와 함께 해야 할지, 적절한 시기와 타이밍에 대한 질문도 피할 수 없을 것이다.

　따라서 이러한 질문들은 문제를 해결하는 과정에서 자연스럽게 생기며, 이들을 풀어가는 것이 과제 해결의 중요한 요소가 될 것이다.

　우리는 언제까지 질문만 하고 있을까! 그 진정한 정답은 없기에 아무도 가르쳐주지 않는다. 왜냐하면, 오늘의 질문이 내

일이면 바꿔어야 하고, 바꾸기 때문이다. 이것이 바로 우리 인간이 가지고 있는 무한한 창의에 의한 지속 가능한 삶으로 이끌어 가는 것이다. 그래서 우리는 스스로 그 답을 찾아 매일 한 걸음을 떼게 되는 것이다.

누구나 삶의 철학을 갖고 살아간다. 이 삶의 '철학'이 무엇입니까? 라는 질문에 담긴 철학의 의미는 간단명료하다. **'지속 가능한 삶을 영위하기 위해 지향하는 관점'**을 삶의 철학이라고 필자는 정의해 본다.

목차

책을 펴내면서
여는 글   14

1. 어느 산에 가야 토끼를 잡을까!   17

  01 겨울이 오면 풀벌레가 울음소리 감춘다.   18
  02 물이 얼마나 맑은지에 따라 달빛이 선명하다.   20
  03 도랑은 쇠스랑 긁는 대로 생긴다.   22
  04 타향 길은 두려움과 기대가 갈등한다.   24
  05 일을 발견했다는 것은 목적지를 본 것이다.   26
  06 오늘 일은 성공할 수 있다.   28
  07 추억의 여정은 멀지만 굽은 길일수록 좋다.   30
  08 아침 해는 지혜를 꿈틀거리게 하기 위함이다.   32
  09 고독은 미지의 인생을 찾아가는 대문이다.   34
  10 밤하늘의 별을 구하는 눈빛은 아름답다.   36

2. 푸른 하늘은 늘 내 앞에 펼쳐지리라   39

    01 부모가 살아있다는 건 보물을 품은 것과 같다.   40
    02 가진 정도에 따라 죽음 앞에 모습이 다르다.   42
    03 성질 못된 강아지 목줄 짧아진다.   44
    04 도둑놈 뛸 때 덩달아 같이 뛰지 말아라.   46
    05 개 짖는 소리에 아이 울음 소리만 커진다.   48
    06 하늘에 가깝다고 햇빛이 밝은 것은 아니다.   50
    07 자만이 도를 넘게 되면 실패할 수 있다.   52
    08 구름은 바람 없이는 지나칠 수 없다.   54
    09 승리는 훌륭한 지혜와 인내의 산물이다.   56

3. 내 안의 열망이 파도처럼 밀려오네   59

01 밤낮은 지구가 존재하기 위해서이다.   60
02 깨워는 주지만 일으켜 주지는 못한다.   62
03 가로등은 어두울수록 그림자를 선명하게 한다.   64
04 버린것도 다듬으면 걸작으로 바뀔 수 있다.   66
05 내게 주어진 행복을 관객들에게 맡길 수 없다.   68
06 박식한 사람보다 후덕한 사람을 따라간다.   70
07 행동은 주머니에 생각은 창고에 담는다.   72
08 변화는 새로운 세상을 만들겠다는데 있다.   74
09 협곡은 산을, 바다는 하늘을 원망하지 않는다.   76

4. 어디로 가야 행복을 찾을 수 있을까   79

01 한 그루의 나무를 숲이라 할 수 없다.   80
02 대나무는 마디가 있어 싹쓸이 바람을 이겨낸다.   82
03 물은 삽질하는 방향으로 흐른다.   84
04 잔에는 물이 적당히 차야 안정된다.   86
05 사물은 언제나 진실을 드러낸다.   88
06 특권층의 탐욕은 하이에나처럼 남을 해친다.   90
07 달맞이꽃은 달에 충성하며 살아간다.   92
08 성숙은 변화에서 창출해 나가는 여정이다.   94
09 산이 크면 메아리도 크고 짐승도 많이 꼬인다.   96
10 바람은 구름을 안고 고향을 버린다.   98

5. 바람이 속삭이는 진리를 들려주네   101

01 갈대는 바람과 함께할 때 우아해진다.   102

02 언덕을 넘는 이유는 추억을 찾기 위해서다.   104

03 물이 넘칠 땐 흘려보내고 고일 땐 덜어 낸다.   106

04 얼음을 굽는다는 건 마음만 고달프다.   108

05 능참봉 떡 훔치고 독배 앞에서 떠는 신세다.   110

06 꺾인 나뭇가지 흔적 감추기 어렵다.   112

07 하찮은 허수아비에 늑대는 혼비백산 한다.   114

08 석양에 고백하고 둥근달에 희망을 속삭인다.   116

09 물은 빈 곳을 채우고 흘러내린다.   118

6. 자연이 나의 맺힌 생각을 뚫어주네   121

01 바뀔 생각이 없는 건 선물을 포기하는 것이다.   122
02 자식이 출세할수록 거리는 멀어진다.   124
03 아부는 아이에게 희망의 보약이다.   126
04 나무는 가지를 뻗지만 스스로 치지는 못한다.   128
05 도덕이 융성하면 공동체가 후덕해진다.   130
06 연기 쐬고 코눈물 안 닦는 사람 없다.   132
07 흘러간 냇물도 머무는 곳이 고향이다.   134
08 하늘에 가깝다고 유독 밝은 것이 아니다.   136
09 구름이 태산 앞에 머뭇거리는 고비가 있다.   138
10 승냥이 생쥐 잡아먹겠다고 땅굴 판다.   140

7. 희망을 바람에 싣고 떠나리라　　　　　143

01 별이 안보이는 건 분노와 질투 때문이다.　　　144
02 얼음덩이로 대못 박으려고 달려든다.　　　146
03 숱한 별빛도 달 하나를 이기지 못한다.　　　148
04 채반으로 소쿠리를 만들려고 달려든다.　　　150
05 해가 등대빛을 무색하게 지배한다.　　　152
06 과도하게 물을 끌어당기면 홍수가 난다.　　　154
07 창문으로 빛이 먼저 나를 훔쳐 본다.　　　156
08 저수지는 계곡을 탓하지 않는다.　　　158
09 생각을 정리해야 부정적인 생각의 틈이 없다.　　　160

8. 삼라만상이 열정으로 말하네　　　　　　　　**163**

01 물이 고이게 되면 물고기는 산다.　　　　164
02 여우 닭 물겠다고 망보듯 한다.　　　　　166
03 남이 책볼 때 곁눈질이라도 해라.　　　　168
04 하늘 없는 새가 날개짓하듯 한다.　　　　170
05 받은 것조차 되돌릴 줄 모른다.　　　　　172
06 능선 빗물도 좌우로 나뉘어 흐른다.　　　174
07 많이 배워도 바른 길을 모른다.　　　　　176
08 밥그릇 크다고 다 채울 수 없다.　　　　　178
09 바람은 사람의 행동을 바꿀 수 있다.　　　180
10 문제의 발단은 자랑에서부터 시작된다.　182

피할 수 없는 진리　　　　　　　　　　　　**185**

여는 글

　격언과 속담은 우리 일상생활에서 일어나는 상황이나 경험을 간결하고 함축적인 형태로서 우리 삶에 지침을 주어 이를 많이 활용한다.
　삶과 문화에서 중요한 역할을 하는 실용적인 지혜의 보고寶庫로 활용하기도 한다. 즉 인생을 살아가는데 방향을 제시하고, 삶의 교훈을 전달하는 도구라 할 수 있다. 이를 통해 우리는 순간 더 나은 지혜로운 판단과 간결한 의사소통을 하며, 풍요로운 삶을 누릴 수 있게 된다.
　따라서 격언과 속담은 우리 삶에 큰 이정표의 역할과 아울러 지혜를 전하고 사회의 유대감을 주는 순기능을 하는 것이라고 할 수 있다.
　물론 이들은 은유나 비유를 활용한 표현이기 때문에, 의미를 받아들이고 적용할 때도 다양한 해석이 필요하다.
　본 글을 여는데 크게 의미를 부여한다면, 복잡한 생각이나 상황을 간단히 표현할 수 있는 실용적 의사소통의 방법을 찾는 과정에 의미를 두었다.

평소 일상에서 직면하는 다양한 상황에서, 판단과 행동을 바탕으로 창의적 사고와 경험을 바탕으로 썼다.

따라서 다양한 문화 속에 공감할 수 있는 소재와 내용으로 구성하여 도덕적이거나 실용적인 교훈을 전달하기 위해 짧고 명료한 표현을 통해 쉽게 기억되도록 함이다.

또한, 문화의 특성과 가치관을 반영하여 비유나 상징을 통해 깊은 의미를 전달하려는데 있다.

그 밖에 공통된 경험과 가치관을 바탕으로 상호 공감을 형성하고 있다. 세대와 세대 사이뿐만 아니라 각 사회의 문화와 역사를 연결하며, 문화사회인으로서 정체성을 찾아가는데 촛점을 두었다.

토끼 찾아
모험의 여정을
시작하자

토끼는 굴에서 잠만 자지 않는다.

3분, 인생을 바꾸다
3min. change your life

1

어느 산에 가야 토끼를 잡을까!

01 겨울이 오면 풀벌레가 울음소리 감춘다.
02 물이 얼마나 맑은지에 따라 달빛이 선명하다.
03 도랑은 쇠스랑 긁는 대로 생긴다.
04 타향 길은 두려움과 기대가 갈등한다.
05 일을 발견했다는 것은 목적지를 본 것이다.
06 오늘 일은 성공할 수 있다.
07 추억의 여정은 멀지만 굽은 길일수록 좋다.
08 아침 해는 지혜를 꿈틀거리게 하기 위함이다.
09 고독은 미지의 인생을 찾아가는 대문이다.
10 밤하늘의 별을 구하는 눈빛은 아름답다.

01
겨울이 오면 풀벌레가 울음소리 감춘다.

바람이 불면 풍경이 울리고,
겨울이 오면 풀벌레 울음 감추듯,
환경이 바뀌면 자연스레 일은 바뀌게 된다.

  풍경(령)은 자력에 의해 흔들리지 못한다. 반드시 바람이 불어야 소리를 내게 된다. 물이 흘러야 물레방아가 돌아가는 것과 같다. 이처럼 주변 환경이 변하면 사람들의 행동과 상황도 자연스럽게 바뀌게 된다.
  상황변화는 불가피하고 자연스러운 것이다. 이 변화의 예측은 대부분 불가능하다. 다만 그에 따른 대응과 조정 능력의 준비 여부와 순발력 있는 지혜에 따라 결과는 달라진다.
  자연은 변화무쌍하다. 비가 내리기 위해서는 구름이 반드시 끼어들어야 하고, 비가 내리면 물은 흘러서 어딘가에 고이게 된다.
  이처럼 대자연의 환경이 바뀜으로써 대지의 모든 상황이 자연스럽게 변하여 만물이 그에 따라 순응하여 생명체는 영위하게 된다.

바람이 불면 풍령이 울리는 것은 당연하다. 그러나 풍령이 울리고 싶다고 바람을 만들 수는 없다. 바람에 의해서 풍령이 자연스럽게 울리는 것이다.

우리들의 삶에서도 주위 환경의 변화에 따라서 하는 일이 자연스럽게 바뀌는 경우를 심심치 않게 보고 있다. 예로서 싸스, 코로나19, 독감과 같은 전염병, 기후재앙에 따른 홍수, 폭염 등 그 밖에 화재와 같은 재해 등에 의해 따라오는 사회적 변화들이다.

주변의 환경이 바뀌면 하던 일은 반드시 의도한 방향이든 그렇지 않은 방향이든 바뀌게 돼 있다. 피동적인 변화로 인해서 유리한 방향으로 바뀌는 것이 바로 요행이다. 대부분은 피동적 변화로 인해서 찾아오는 것은 불합리한 방향으로 환경 변화가 일어나게 돼 있다.

02
물이 얼마나 맑은지에 따라 달빛이 선명하다.

**달이 선명한 건 연못의 크기가 아니라
물이 얼마나 맑은가에 달려있다.**

　　환경이나 상황에 맞춰 태도나 마음을 조절한다. 인생의 길에는 기복이 있기에 유연성과 적응력이 필요하다. 그러기 위해서는 심리적 안정 즉 여유가 있어야 한다.
　　이는 물리적인 것만이 아니라 시·공간으로 마음의 근원에 있는 것이다. 상황에 따라 여유가 있을 때도 있고, 궁핍할 때도 있다.
　　그러나 무엇이든지 본질이 중요하다. 크기나 외형보다 실질적인 본성이 중요함을 자연에 은유해서 표현하였다.

　　우리는 어느 상황에서든 자신을 위해 살아가고 있다. 자신에게 도움이 된다는 신념이 없으면 결단코 받아들이는 것을 주저한다.
　　그것이 자기에게 직접적 영향을 끼친다고 생각하기에 그 진정성과 가치에 대한 신념 정도에 따라서 받아들이거나 거부한다.

이와 같은 현상은 사람, 사물, 상황 등에서 외적인 요소보다 내부의 진정성과 품질이 더 중요한 가치를 지니기 때문이다. 인간은 공동체를 위하여 심리를 조절하며 살아가기에 만물의 영장이라 한다.
　예로서 궁핍한 자에게 물질적, 정신적으로 베풀며 살아간다. 이는 바로 측은한 마음을 표출한 진정성이다. 자기의 지식 또는 지혜를 사심 없이 전해주는 사람을 우리는 '존경하는 스승'이라고 한다.

　내 마음에 여유가 얼마나 있는지! 누가 옷깃을 여미고 있는지! 사회의 일원으로 무엇을 베풀 수 있을까! 혹시 세상에 힘자랑하는 걸 낙으로 살고 있지 않은가! 누군가가 나를 올려다볼 때 눈을 돌리지는 않았던가!

03
도랑은 쇠스랑 긁는 대로 생긴다.

물은 곡괭이 끝 가는 곳으로 흐르고,
도랑은 쇠스랑 긁는 대로 생긴다.

무엇을 선택하여 어떻게 운용하느냐에 따라 결과에 영향을 미친다.

물의 경로를 인위적으로 바꾸어 흐르게 할 수 있듯이 일도 어떤 방향으로 이끌어 갈 건가는 주도하고 있는 사람의 주관과 의지에 따라 결과를 바꿀 수 있다.

즉 목표와 방향을 설정하고 실행의 의지에 따라서 주변 환경은 조성해 가는 대로 나타나게 된다. 그리고 주어진 조건을 유용하게 조절할 줄 알아야 한다는 뜻을 은유한 말이다.

곡괭이와 쇠스랑을 상황에 맞추어 어떻게 쓰느냐에 따라 결과가 달라지듯이 승자는 주위의 환경과 나타난 현상을 이용하여 스스로 추구하는 방향으로 활용할 줄 안다.

우리도 주어진 재능을 어떻게 운용하느냐에 따라서 기대효과가 다르고, 그에 따라 나타나는 결과물 역시 크게 차이가 난다. 처한 상황을 냉철하게 판단하여 최대의 효과를 얻을 수 있는 것을 선택하여 도전해야 할 것이다.

왜냐하면 가지고 있는 도구가 정해져 있듯이 현재 보유한 역량과 기량 등도 정해져 있기 때문이다. 가지고 있는 역량을 극대화하기 위해 강한 전략과 통찰력을 바탕으로 실행을 앞세워야 한다.

따라서 환경을 탓하지 말고 일에 집념한다면 좋은 결과를 얻을 수 있을 것이다. 그러나 성공의 맛을 느끼지 못한 사람들은 외부환경을 탓하고 통찰력과 실행력이 없었던 사람들이다.

04
타향 길은 두려움과 기대가 갈등한다.

고향 길은 설레지만
타향 길은 두려움과 기대가 갈등한다.

우리는 익숙한 곳과 낯선 곳에서 다가오는 감정이 당연하게 다르다. 익숙한 환경을 다시 찾아갈 때는 편안함에 설렘을 갖는다.
그러나 새로운 환경을 찾을 때는 기대와 두려움을 동시에 느끼게 된다. 이는 신부가 식장에 들어서는 것과 같다.
즉 변화와 새로운 경험에 대한 기대와 함께 알 수 없는 상황에 대한 복잡한 감정을 비유적으로 한 말이다.

인간은 늘 새로움을 추구하며 살아간다. 이러한 사고가 바로 문명을 무한한 발전으로 이어지게 하는 원동력이 되어 현실화하는 것이다.
그러나 새로운 일에 도전한다는 건 두려움도 있지만 반면에 성공의 기대도 있다. 바로 이 속에 갈등이 존재한다.

누구나 새로운 문명발전의 주역이 될 수 있다. 주저하지 말고 도전을 통하여 사회의 문명을 발전시키겠다는 욕망 속에서 현재의 고난과 역경을 극복하고 미래를 꿈꾸는 것이 발전의 시작이다.

현재 앉아 있는 자리를 벗어난다는 건 새로운 환경을 찾아가는 출발점이다. 여행 중에 하루를 머무는 잠자리도 어색하듯이 새로운 환경에는 그러하다.

그러나 내일을 위해 하룻밤을 머물 듯이 자리를 옮긴다는 건 내일의 비전을 향해 행동하는 변화의 시발점이다.

다만 변화 속에서 고난과 성찰이 많을수록 희망이 커지지 않을까! 하는 두려움과 기대는 당연하다. 그러나 변화는 선택이 아닌 필수이다.

05
일을 발견했다는 것은 목적지를 본 것이다.

일을 발견했다는 것은
목적지를 향한 빛줄기를 본 것과 같다.

일을 찾았다는 것은 이를 통해서 단순히 적절한 대가를 받아 생계를 위한 수단을 넘어선 것이다. 이는 삶의 존재가치에 의한 자아의 성장에 대한 방향성과 목표를 제공해주는 빛과 같은 것으로서 이는 미래 지향적 삶의 계획서와 같다.

따라서 그 계획서에는 목적이 담겨 있기에 그곳을 향해 달려갈 수 있는 희망을 발견했기에, 삶에 더 큰 만족과 기대감을 느끼게 해준다.

사람은 행복한 삶을 위해 이런저런 일을 찾아 헤맨다. 행복은 인간 욕망의 핵심요소이기도 하지만 궁극적으로 지향하는 목적이며, 인간이 추구하는 가장 상위의 인자가 자아실현을 통한 행복이기 때문이다.

기적같은 행복에서 살기 위해서는 상상의 여정에 편승해야 한다. 따라서 상상력은 당신의 성장과 행복의 도구로서 새로운 가능성을 열어주고, 자신을 더 아름답고 지속 가능한 곳으로 안내한다. 그것을 찾아가는 과정에서의 느끼는 희열 또한 무시할 수 없다.
　우리 인간 삶의 기본은 행복하게 살고, 일을 통해 성취를 찾아가는데 보람과 의미가 있다. 따라서 일을 통한 노동의 대가 없이 절대로 행복만을 느낄 수는 없다.

　자아실현의 기준을 유일하게 돈과 사회적 지위 또는 권력이라고 단정하지 않고 안락과 행복으로 생각한다면 우리 삶의 기준과 태도는 어떻게 달라질까!

06
오늘 일은 성공할 수 있다.

어제의 실패는 변하지 않지만,
오늘의 노력이 내일을 성공으로 만든다.

과거의 실패나 실수를 없었던 것으로 되돌릴 수 없다. 그러나 그 실패는 현재와 미래의 성장을 위한 중요한 자산으로 활용할 수는 있다.

즉 이 순간부터 새롭게 시작해서 원하는 결과를 만들어 낼 수 있다는 희망과 가능성을 찾아가는데 충실하게 운용하면 충분하다.

지난 실패를 어떻게 관리하여 다가오는 미래의 일에 효율적으로 활용해서 성공의 길로 이끌어 갈 것이냐의 과제를 비유한 말이다.

실패하리라고 생각하면서 도전하는 사람은 아무도 없다. 무슨 일을 하다 보면 성공도 하고 실패도 한다. 분명한 것은 성공보다 실패의 확률이 높을 것이다. 그렇다고 과거의 실패를 없었던 것으로 지울 수는 없고, 그렇다고 그대로 주저앉을 수도 없다.

우리 삶의 과정에서 곱이곱이 일어나는 실패를 인생의 모든 실패라고 할 수 없다. 어떤 목적을 설정하여 최선을 다했다면 패배한 것은 아니며, 그 과정에서 얻은 결과물 즉 경험 자체가 성공한 것이다.
　그 잔재는 인생 어딘가에 크게 영향을 미칠 수 있는 자산이 될 것이기 때문이다. 실패는 어떤 일을 실행하는데 최소한의 자양분으로 작용하게 된다.

　부모는 자녀가 좋아하는 걸 선택하여 비전을 찾아가도록 응원해 준다. 이는 성장의 진행 중인 상태 즉 미완성단계를 거쳐 완성돼 가는 과정이므로 성공할 거라는 믿음을 가지고 개척해 가는 길이 아닐까!

07
추억의 여정은 멀지만 굽은 길일수록 좋다.

추억을 먹기 위해 여정을 떠날 때는
멀지만 굽은 길일수록 좋다.

　　마치 책 속의 숨은 이야기 찾아가는 것처럼 굽은 길 안쪽으로 더 깊이 들어가는 것이 언제나 흥미진진한 경험을 하게 된다.
　　그 굽은 길에는 예상치 못한 모험이 적셔져 있고, 과거의 발자취가 고스란히 그려져 있다. 거기는 새로운 환경과 매혹적인 것을 발견할 수 있다. 이처럼 굽은 길은 마치 마법과 같은 곳이다. 지나온 끝자락에서 뒤돌아보면 한 폭에 추억의 그림을 그릴 수 있는 소재가 풍부하기 때문이다.

　　우리는 해보고 싶었던 일을 해보았으나 좋은 결과를 얻지 못한 경우가 비일비재하다. 그밖에 도중에 좌절하거나 원하는 만큼 성취하지 못한 경우 등 다양한 추억이 있다.
　　그 속에서 극복과정의 경험들이 우리에게 무엇이 중요한가를 깨우쳐 주고 있다. 이 과정에서 자신의 강점과 약점을 분명히 드러내고, 더 나은 방향으로 나아가기 위한 지혜를 얻는다.

막연하게 옆눈질을 하다가 수렁에 빠져 본 적도 있을 것이다. 분명한 건 진지하게 자신이 바라는 삶의 의미를 발견하고, 미칠 수 있는 일을 찾아야지 어설픈 기대에만 의존할 수는 없다.

 즉 의욕만 앞세워 깊은 정보와 경험을 갖지 않고 경솔하게 선택과 결정을 함으로써 예측하지 못한 부정적 결과를 얻을 수 있다.

 물론 그 경험 즉 추억을 향해 여기까지 삶을 견인해 왔다. 이 모든 추억이 더욱 풍부하고 다채로운 삶으로 이끌어 왔을까! 다만 미래를 향해 더 나은 삶을 꿈꾸고 나아가는 여정은 어디일까?

08
아침 해는 지혜를 꿈틀거리게 하기 위함이다.

해가 아침마다 창문을 비춰주는 것은
당신의 지혜를 늘 꿈틀거리게 하기 위함이다.

사람은 매일 새로운 경험과 배움을 통해 자신의 지혜가 성숙해지고 이를 바탕으로 삶의 질이 윤택해지게 된다.

우리는 늘 아침에 비추는 햇빛처럼 하루의 시작을 새로운 영감과 깨달음의 기회가 찾아오기를 희망한다.

따라서 하루하루를 긍정적으로 받아들이고, 활력있는 에너지를 통하여 슬기로운 지혜와 독창성을 활성화해야 한다는 의미를 담고 있다.

행복감을 느끼면서 살 수 있는 것은 이 세상을 아름답고 밝게 그리고 희망적이고 긍정적으로 보기 때문이다. 이는 자기 발전을 위하여 낙관적 사고 속에서 매사에 최선을 다하자는 의미가 함축되어 있다. 이 희망은 바라는 마음뿐만 아니라 잘 될 것이라는 믿음에 있다.

잠자는 사람은 희망을 간직할지언정 그 무엇도 구현해내지 못한다. 상상은 인간의 마음속에 있는 의식을 갖고 현존하는 것을 들춰내거나 다른 어떤 것과 결합하여 새로운 것을 창출해 내는 초입이다.
　창의적 창출이란 특정인에 국한된 소유물이 아니고 모든 사람이 가지고 있는 재능이다. 즉 각자 소유하고 있는 상상력과 주어진 재능에 의해 다양하게 구현되는 산물이다.

　이미 충분한 재능을 가지고 있다고 생각하며, 할 수 있다는 자신감으로 늘 깨어 있으라.

09
고독은 미지의 인생을 찾아가는 대문이다.

**고독은 죽음의 길이 아니고,
미지의 인생을 찾아가는 대문이다.**

고독은 혼자 있는 동안 자신을 깊이 생각하고, 돌아보며 새로운 관점에서 깨달음을 얻을 수 있는 시·공간이다.

그리고 자기 발견을 통해 늘 새로운 비전속에 더 나은 목표와 방향을 설정하고, 이를 기반으로 미래를 찾아가는 전환점이 될 수 있다.

따라서 이를 통해 새로운 세상으로 들어갈 수 있는 계기가 될 수 있다. 고독이 미지의 세상을 여는 대문과 같다는 것은 새로운 가능성과 기회를 여는 역할을 한다는 의미를 담고 있다.

고독은 피해야 할 부정적인 것으로만 봐서는 안 된다. 이를 통해 새로운 시작과 자가 발견의 기회로 삼아 성장을 위한 기회로 인식하는 것이 중요하다.

즉 복잡한 현실을 피하여 새로운 세상을 꿈꾸기 위함인 것이다. 이 고독 속에서 새로운 자신을 발견하게 된다. 의도된 고독의 길을 걸었기에 위대한 족적을 남긴 사람들이 많다. 뉴턴, 파스칼, 칸트, 쇼펜하우어, 니체 등을 들 수 있다. 이들은 모두 철학자들로서 독신으로 살았다.

닫힌 문을 연다는 건 강인한 의지와 전략을 갖춘 사람만이 가능한 것이다. 자신의 내면을 깊이 들여다보고 지향적 목표달성을 위한 강점과 약점을 새겨보며, 어떤 변화가 필요한지를 살펴 보는 대처능력이 있어야 한다.

따라서 이를 위해서는 시간적 투자 및 자신감을 쌓고, 강인한 도전의식이 필요하다. 그리고 상황에 따라 계획을 조정할 수 있는 유연성이 필요하며, 실패나 좌절을 경험한 때에도 이를 학습 기회로 삼고 일어설 수 있는 의지가 있어야 한다.

10
밤하늘의 별을 구하는 눈빛은 아름답다.

당신이 아름다워 보이는 건
밤하늘의 별을
구하는 눈빛이 있기 때문이다.

꽃뿐만 아니라 사람도 다듬으면 외면은 일시적으로 아름다워지나 시간이 지나면서 변한다. 사람의 내면은 어떻게 다듬느냐에 따라서 지속적으로 빛을 발하게 만든다.

사람은 단순히 외모 때문이 아니라 새로운 꿈을 추구며, 희망을 품고 순수한 열망이 더욱 빛나게 만든다. 즉 희망을 보다 구체적으로 표출시키는 것이다. 그것이 세상 밖으로 드러남으로써 아름다워진다는 의미를 비유한 말이다.

밤하늘을 향해 별을 찾는 것처럼, 비전과 희망이 있는 사람은 그 자체가 매력적이다. 삶에서 꿈을 추구하는 사람은 눈빛에서 그 열정을 보여준다.

이러한 열정은 주위 사람에게도 긍정적인 영향을 미친다. 꿈을 가지고 있다는 건 자신의 삶에 대한 목표와 방향을 갖고 있기에 더 중후하고 매력적으로 보이게 한다.

김 덕 기 作

　어려운 상황에서도 긍정적인 태도를 유지하는 사람에게 눈이 끌린다. 이는 그들의 눈빛과 표정에서 드러나며, 단순한 외모의 아름다움보다 훨씬 깊은 인상을 남긴다.

　이와 같은 내면의 긍정적인 에너지는 다른 사람에게도 전파되어 좋은 분위기와 관계가 형성된다. 내면의 아름다움은 자신감에서 비롯된다. 자신의 꿈과 목표를 가지고 여정旅程하는 사람은 자연스럽게 자신감이 생긴다. 즉 이러한 자신감은 그 사람의 외모로 표출되어 더욱 당당하고 아름답게 보이게 한다.

나의 숨긴 비밀,
자연에 맡겨보자

마음을 열어야 하늘이 보인다.

3분, 인생을 바꾸다 2
3min. change your life

푸른 하늘은 늘 내 앞에 펼쳐지리라

01 부모가 살아있다는 건 보물을 품은 것과 같다.

02 가진 정도에 따라 죽음 앞에 모습이 다르다.

03 성질 못된 강아지 목줄 짧아진다.

04 도둑놈 될 때 덩달아 같이 뛰지 말아라.

05 개 짖는 소리에 아이 울음 소리만 커진다.

06 하늘에 가깝다고 햇빛이 밝은 것은 아니다.

07 자만이 도를 넘게 되면 실패할 수 있다.

08 구름은 바람 없이는 지나칠 수 없다.

09 승리는 훌륭한 지혜와 인내의 산물이다.

01
부모가 살아있다는 건 보물을 품은 것과 같다.

가장 즐거울 땐 아빠, 엄마라고 부를 때고,
희망을 가질 때는 다독여 줄 때며,
보람을 느낄 땐 미담에 겸상(兼床)할 때다.

    부모가 살아있다는 것은 유일한 보물을 소유하고 있는 것과 같다. 우리는 부모의 후원을 통해서 새로운 학문적 지식을 쌓아가는 과정에서 희망을 발견한다.
    그 희망 속에서 무엇인가에 도전하여 성취한 결과를 부담없이 털어놓을 수 있을 때 보람을 느낀다. 그 성취한 결과를 밥상에서 마주 앉아 대화할 대상이 부모라면 더 없이 보람을 갖게 된다는 교훈을 주는 말이다.

    부모가 살아있을 때는 부모의 소중함을 모른다는 것이다. 설상 병석에 있을 때는 귀찮은 존재로 생각하기도 한다.
    그러나 성장 과정에서 자신이 슬프거나 즐거운 일이 생겼을 때 사실 그대로 공감해주었던 사람은 유일하게 부모이었다. 부모의 이 같은 마음은 변함이 없다. 그러기 때문에 부모가 살아있다는 건 심리적으로 최고의 행복이다.

성장 과정에서 부모의 품은 언제나 따뜻하였다, 특히 격려와 위로는 큰 힘이 되어 성장할 수 있는 근원이었다. 소리 없는 묵직한 사랑으로 다시 일어설 수 있는 원동력이 되기도 하였다.

인생의 보람은 일의 성취를 통해서만 느끼는 것이 아니다. 부모와 함께 미담을 나누며 식사를 한다는 건 자신이 성장하여 부모를 공양한다는 뿌듯한 마음을 준다. 삶에서 부모와의 소중한 대화와 경험을 통해 인생의 진정한 가치를 깨닫게 한다.

02
가진 정도에 따라 죽음 앞에 모습이 다르다.

큰 나무일수록 바람 앞에 더 크게 흔들리듯
가진 정도에 따라 죽음 앞에 떠는 모습이 다르다.

생명은 유한하기에 권력 또는 돈으로 해결할 수 없는 것이다. 이러한 사실을 알면서 때로는 과거의 힘으로 자기 생명을 지배할 수 있다고 착각하기도 한다.

이는 자신의 신념 속에서 벗어나지 못하고 그 속에서 심한 분노와 고통을 조절하지 못하게 된다. 이러한 생각은 지배해 본 경험에 따라 죽음을 두려워하는 정도가 달라진다.

「저 먹자니 싫고 남 주자니 아깝다.」는 말이 있다. 물론 누구나 자기 것을 남에게 대가 없이 주기를 원하는 사람은 흔치 않다.

짐승들도 그렇듯 사람은 욕구가 있기에 도전하게 되고, 그를 통해 성취하게 된다. 성취의 심리적 욕구를 충족한 경험이 많을수록 삶의 애착이 크다. 즉 성취감을 만끽할 줄 알기에 그 만끽 정도가 클수록 죽음을 쉽게 받아들이지 못할 것이다.

그렇다고 해서 인간의 기본 욕구를 버릴 수는 없다. 다만 물질만능에 빠져 주위를 살피지 못하는 것은 분명 경계의 대상이 된다.
　무병장수하는 사람들은 현실에 순응하며, 남을 배려하는 순수함 속에서 나누는 덕행의 소유자로서 자신을 내세우지 않는다는 통계가 있다.
　자신의 욕구 속에 악행과 덕행에 대한 정도 차이를 비유해서 들여다볼 여지가 있지 않을까! 따라서 해야 할 일이 많이 남아 있다고 생각하는 사람은 죽음을 어떻게 생각할까!

03
성질 못된 강아지 목줄 짧아진다.

성질 못된 강아지 목줄 짧아지듯
불같고 괴팍한 사람은 주변이 멀어진다.

행동은 습관에서 나온다. 문제를 일으키는 사람은 더 많은 제약과 통제를 받게 된다. 즉 잘못된 행동이 지속될수록 더 많은 감시에서 벗어날 수 없다.

이러한 현상은 생각에 의한 습관에서부터 나타나는 현상이다. 이를 탈피하기 위해서는 행동의 변화를 찾아야 한다.

「주인이 순하면 개도 순하다.」라는 옛말이 있다. 개의 성질이 난폭하고 온순한 것은 주인의 역할이다.

과거에는 토종견을 방목으로 길러 동종 간에 많은 교감을 하도록 하였다. 그러면서 들짐승들의 침범은 물론 도둑 지킴이로서 역할을 하면서 사람과의 영역이 분명하였다. 예전에는 개를 '개'라고 불렀다. 요즘은 '반려견'이라는 칭호로 위상이 높아지면서 인간의 영역에 자리매김하여 훌륭한 대접을 받고 있다.

그러나 분명한 것은 주인을 물어뜯거나 자해할 정도로 난폭한 성질이라면 악물惡物이다. 따라서 물리적으로 지배하기 위해 목줄을 채운다.

결국에는 활동반경을 줄이고자 목줄은 점점 짧아져 은신할 영역이 줄어들 수밖에 없다. 여기서 인간 사회의 삶에 반추 해보면, 쉽게 화내거나 충동적 행동을 하고 타인과 타협할 줄 모르며 갈등을 조장하는 사람은 어떠할까! 어떤 특정 상황의 굴레를 벗어나지 못할 것이다.

스스로 올가미에 매이는 현상이 초래하지 않도록 경계해야 하지 않을까! 채워진 그 올가미는 과연 무엇일까! 그 올가미가 채워진 원천적 동기는 어디서 발생했을까!

04
도둑놈 뛸 때 덩달아 같이 뛰지 말아라.

개구리 뛸 때 매화 핀다고
도둑놈 뛸 때 같이 뛰지 말아라.

　　상황에 맞지 않게 남을 따라 하는 행동은 어리석은 짓이다. 자동적인 반응처럼 생각 없이 따라 하기보다는 자신의 상황과 조건을 고려하여 적절히 행동해야 한다.
　　남들이 한다고 의식 없이 덩달아 하는 행위는 위험하다. 또한, 오해받고 실속 없는 행동은 하지 말아야 한다. 다시 말하면 주위 환경에 즉각 반응하지 말고 진중하게 자기 정체성을 찾아가야 한다는 의미를 비유한 말이다.
　　경칩에는 개구리가 월동하고, 매화가 피듯이 생물들은 자연환경에 따라서 생리적인 작용을 하게 된다.
　　그러나 우리가 주위 활동에 의식 없이 동참한다는 건 자기 정체성을 부인하는 것이다. 이처럼 주체성 없는 무모한 행동은 인생을 망칠 수 있는 위험한 행위이다. 즉, 도둑이 뛸 때 같이 뛰면 공범으로 오해받을 수 있는 것과 같다.

자기의 정체성을 갖고 기량과 소양을 바탕으로 그것을 충분히 육성시켜 준비한다면 사회에 빛을 발하게 될 기회가 찾아올 것이다.

따라서 섣부르게 대중성의 기대치만을 가지고 뛰어들면 실패할 확률이 높다. 성공률을 높이기 위해서는 무엇보다 자신의 핵심 소양을 찾아가야 할 것이다.

주위 환경이 변화한다고 자신의 가지고 있는 역량과 주어진 환경을 고려하지 않고, 무작정 목적 없는 방향으로 행동을 하는 경우를 가정적으로 생각해 보자.

05
개 짖는 소리에 아이 울음 소리만 커진다.

천둥이 정막을 깨듯이
개 짖는 소리에 잠자던 아이 울음이 터진다.

    외부로부터 누군가의 실수나 계획에 따라 저지른 행위로 인하여 간접적으로 피해를 받아 낭패를 본 경험이 있을 것이다. 누구에게 담보를 잘 못 서줘서 고통을 받은 것도 일 예가 될 것이다.
    또는 자신이 어떤 일을 하다 보면 의도치 않은 사소한 일이 벌어짐으로써 예상하지 못한 다른 곳에서 연쇄적으로 큰 사건이 벌어지기도 하는 현상을 비유한 말이다.

    도둑 지키라고 밥 먹여 개를 키웠더니 쓸데없이 짖어대는 바람에 자던 아이를 깨운다는 것은 본연의 역할에 충실하지 못하고 엉뚱한 짓을 하는 바람에 다른 일에 낭패를 끼치는 꼴이 된 것을 일컫는다.

생각의 대상을 바꿔보자. 우리의 일상에서 일회용 컵이며, 비닐봉지 및 빨대까지 그 어느 하나 쓰는데 편리성을 찾아 만들어지지 않은 것이 없다.

그러나. 편리함을 추구하여 무분별하게 자원 낭비하고 있다. 그로 인해 멀쩡하던 지구에 폐해를 주어 환경의 재앙으로 돌아왔음을 알 수 있다.

상품 포장의 기능과 가치를 인식하여 포장재를 가공하는 기업과 이를 사용하는 업계, 소비자, 관련 기관들이 지구의 고통을 알아야 한다. 따라서 지구와 사회적 조화 안에서 환경을 지키려는 노력이 필요하다.

혹시 무의식적으로라도 누구에게 피해 주지 않은가! 하는 일이 주위에 악영향을 주지는 않은가!

06
하늘에 가깝다고 햇빛이 밝은 것은 아니다.

하늘에 가깝다고 유독 햇빛이 밝지 않듯
높은 위치에 있다고 빛나지 않는다.

빛은 높은 곳이기에 더 밝은 것이 아니다. 대기 오염의 정도에 따라 달라진다. 즉 고지대라고 해서 항상 해가 더 빛나지는 않는다. 누구에게나 주어진 생활환경은 다를 수 있으나 조건은 같다. 그 조건 속에서 예외 없이 냉혹하게 상대적인 평가를 받게 된다.

학생은 물론 직장에서 또는 편의점, 가맹점, 개인기업 등을 경영하더라도 가감 없이 평가를 받으면서 경험하고 성장해 간다. 그 과정에서 성과에 따라 빛이 달라지는 것을 비유한 말이다.

평가는 생존경쟁에서 특정인을 위해서가 아니라 필연적이고, 절대적으로 예외 없이 찾아오게 된다. 아무리 길거리에서 보따리 장사를 하더라도 피할 수 없다.

예를 들어보자. 대학까지 인성과 지성을 갖추기 위해 다양한 학습 과정을 거친다. 아마 참고서 등을 포함하여 접한 책들을 계량

해보면 보통 1톤은 족히 될 것이다. 조선시대 과거에 급제한 사람들은 어떠했을까! 아무튼 엄청난 학습이다. 그러고도 부족하여 사회의 주역이 되기 위해 자격증 및 커리어에 집중한다. 그렇게 쌓아온 지식으로 사회에 진출하기 위해 원하는 조직에 입사 지원한다. 그에 따라 자신의 능력을 인정받아 합격하는 순간 모두 동등한 조건의 대우를 받는다.

그러나 보직을 부여받는 시간부터 발휘하는 기질과 역량뿐만 아니라 모든 것에 걸쳐 평가를 받게 된다. 이때부터 상황이 달라지기 시작하며, 자연스럽게 환경이 바뀌기 시작한다. 따라서 지위가 높다고 해서 반드시 빛이 발하는 것이 아니다. 사회에 기여는 지위와 관계없이 성과로 말해준다.

07
자만이 도를 넘게 되면 실패할 수 있다.

물이 넘치면 범람하고, 부족하면 마르듯
자만이 도를 넘게 되면 실패할 수 있다.

　　자신만만하거나 자기 만족적인 태도는 개선이나 성장의 여지를 가로막게 된다. 그러나 반대로 도를 넘을 정도로 자신감을 잃어 의기소침하거나 겸손한 행동 또한 실패의 원인이 되기도 한다.
　　한편 결핍 즉 자신이 보유한 자원이나 지식을 과소하게 인식하거나 평가하는 것도 실패의 원인이 될 수도 있다. 따라서 자신의 한계와 부족한 점을 인식하고 자만과 겸손이 균형 있게 상호 보완하는 것은 성공의 지름길이 된다.

　　자신을 과대평가하여 과시하려는 경향은 자신을 왜곡하여 포장함으로써 합리적 판단을 방해한다. 반면에 열등감 또한 자신감을 잃거나 과소평가함으로써 포기로 유인할 확률이 높기에 이는 더욱 위험하다.

따라서 과도한 열등감과 자만감은 상호 역방향으로서 이들은 새로운 도전을 하는데 저해 요소이며, 실패를 경험하더라도 그것을 극복할 능력이 약해진다.

실패를 통해 배우고 성장하는 과정에서는 현실적 기량 안에서 긍정적이고 냉철한 자기 평가가 필요하다. 이 평가에 따라서 계단을 통해 올라갈 때 각 계단에서 느끼는 성취도에 따라 속도 등을 조절한다.

얼떨결에 엘리베이터를 타고 올라가게 되면 내려오는 계단을 찾는데 허둥대는 것은 당연하다. 준비되지 않은 상태에서 어떤 중책을 맡았다고 생각해 보자. 수명도 길지 못할 것이며, 내려오는 과정에서 심한 심리적 고통을 갖게 될 것이다.

08
구름은 바람 없이는 지나칠 수 없다.

냇물은 바람이 없어도 흐르지만,
구름은 바람 없이는 지나칠 수 없다.

　상황이나 환경이 반드시 완벽하지 않아도 도전하여 결과를 만드는 사람이 있는가 하면 자기에게 적합한 환경이 완벽하게 갖춰져 있을 때 행동하는 사람이 있다.
　완벽한 상황을 기다리기보다 주어진 환경에서 최선을 다하고, 자신의 환경을 현명하게 선택하려는 태도가 필요하다.
　즉 냇물과 같이 자의적 행동을 추구할 것이냐 아니면 구름과 같이 피동적인 행동을 할 것이냐의 관점을 비유한 말이다.

　우리는 본능적으로 최적의 조건을 선택하고 최상의 환경에서 활동하려고 한다. 즉, 즐기면서 자신의 역량을 백분 발휘할 수 있는 곳을 지혜롭게 찾아가길 바란다.
　즉, 본능을 바탕으로 창의와 희망을 통해 더 나은 행복한 삶과 건강한 세상을 만들어가기 위해서다. 더 행복한 삶을 위해서는 더 좋아하는 일을 선택해야 만족할 확률이 높은 것은 분명하다. 그러나 과연 이와 같은 환경을 접할 확률이 얼마나 될까!

   가지고 있는 재능에 불씨만 붙여도 흥미가 가속화되어 훨훨 타오르기 때문이다. 흥미를 갖고 즐기는 일이 바로 본질적인 재능으로서 일에 대한 성취감이 높아져 삶의 의미를 깊이 느낄 수 있는 것은 당연하다.

   준비된 자는 기회가 왔을 때 과감하게 포착할 수 있다. 이를 위해 행동하고 있는가 아니면 오늘도 쉬고 있는가! 혹시 누군가 다른 길로 인도해 주길 기다리고 있지는 않은가!

09
승리는 훌륭한 지혜와 인내의 산물이다.

나무가 천천히 자라듯
승리는 힘에 의한 노동의 결과가 아니라
훌륭한 지혜와 인내의 산물이다

    호랑이가 굴속에 갇혀있는 토끼를 잡는 데도 신중하게 접근한다. 이를 「호책략포토계 虎策略捕兎計」라 표현해 보았다.
    우리도 어떤 일을 처리할 때는 물론 새로운 일을 접할 때는 사전에 신중하게 분석할 수 있는 지혜와 충분한 인내를 갖고 도전하게 된다.
    일을 그 누구도 즉흥적으로 처리하려는 사람은 없을 것이다. 특히 중요한 건 객관적으로 분석한 전략이어야 함을 비유한 말이다.
    우리는 생각하는 만물의 영장으로서 물리적, 육체적 힘의 논리에 의해 세상을 지배하는 것은 결단코 아니다. 따라서 우리의 삶을 윤택하게 영위하는 것은 지혜로부터 나오는 것이다.

매사 열심히 노력하는 것만으로 성공을 이룰 수 있다고 생각하지는 않는다. 이 말은 단지 힘만으로는 충분하지 않다는 것을 말하는 것이다.

가장 효율적인 방법을 찾아내는 지혜와 인내에 의한 결과물이다. 특히 지혜는 경험과 학습 그리고 문제를 다각적으로 보는 사고에서 나온다. 때때로 예상치 못한 문제, 기대에 만족하지 못한 결과, 또는 감당하기 어려운 과제를 만나게 된다.

그러나 그 난파를 극복할 수 있는 지혜와 용기 그리고 지구력이 결국 우리를 경지로 이끌어 가게 된다. 그 과정을 통해 내면적인 속성과 지혜가 육성될 수 있다. 즉 어려움을 극복하는 능력, 강인한 지구력과 도전을 통한 경험을 실현하는 과정이라고 할 수 있다.

열망이
거센 파도처럼
가슴을 휘감네

열정이 있기에 변화를 즐긴다.

3분, 인생을 바꾸다 **3**
3min. change your life

내 안의 열망이 파도처럼 밀려오네

01 밤낮은 지구가 존재하기 위해서이다.
02 깨워주지만 일으켜 주지는 못한다.
03 성질 못된 강아지 목줄 짧아진다.
04 버린것도 다듬으면 걸작으로 바뀔 수 있다.
05 내게 주어진 행복을 관객들에게 맡길 수 없다.
06 박식한 사람보다 후덕한 사람을 따라간다.
07 행동은 주머니에 생각은 창고에 담는다.
08 변화는 새로운 세상을 만들겠다는데 있다.
09 협곡은 산을, 바다는 하늘을 원망하지 않는다.

01
밤낮은 지구가 존재하기 위해서이다.

밤낮은 인간을 위해 나타나는 현상이 아니라
지구가 존재하기 위해서다.

    사람은 결코 혼자 살 수 없다. 그렇다면 누구를 위해서 존재하는가! 자신의 행복한 삶의 가치를 사회에서 찾는데 있다. 사회의 구성원으로서 자연의 균형과 질서에 따라 상호존중과 공존하는 것은 서로의 존재를 인정하고 존중한다는 의미이다. 이로써 인간 사회에서의 질서가 구현된다.
    자연 현상의 조화를 통해 우리가 배울 수 있는 균형과 역할 분담, 갈등의 예방을 비유적으로 바라본 말이다.
    인간은 일과 휴식을 균형 있게 배분하고, 각자의 역할을 충실히 수행하며, 서로를 존중하고 조화롭게 살아간다. 자연의 원리와 인간의 가치를 다시 한번 생각하게 한다. 여기서 조화와 균형의 중요성을 찾게 된다.

밤과 낮은 우리 인간을 포함한 삼라만상의 균형과 존재를 상징시켜 준다. 거창하게 우주학을 들추기 전에, 해와 달이 조화를 이루기에 인간은 밤과 낮의 진가를 느낄 수 있다. 이에 맞추어 인간은 시간을 적절히 안배하며 다양한 측면에서 균형 잡힌 삶을 살아가고 있다.

해와 달이 역할과 책임을 다하듯이 가족, 친구 간이나 팀과 공동체에서 충실할 때 조화로워진다. 바로 이처럼 인간은 갈등을 피하고 서로를 존중하며 조화롭게 살아가야 한다. 따라서 갈등을 해결하고 서로의 다름을 인정할 때, 사회는 더 평화롭고 행복한 삶을 살 수 있다.

02
깨워주지만 일으켜 주지는 못한다.

날개를 펴고 나는 것은 새의 몫이듯
누군가 당신을 깨워는 줄 수는 있어도
일으켜 주지는 못한다.

우리에게는 외부의 도움에 의한 내면의 결단이 필요하다. 따라서 누구로부터 외부에서 주는 자극이나 동기부여를 받게 된다. 그로 인해서 변화와 성장을 인식하게 한다.

삶에서 중요한 변환점을 이루기 위해서는 결국 자신이 주도적으로 행동해야 한다. 누군가 당신을 깨워는 줄 수 있어도 일으키지는 못한다를 「他我醒不起 타아성불기」로 표현할 수 있다. 지혜는 사람들의 도움이나 충고가 중요한 역할을 하지만, 삶의 변화를 일으키는 주체는 자기 자신이다.

우리의 태평스러움은 주변이 서로 만족할 때 온다. 즉 삶에 있어 심리적으로 여유로움을 느낄 때이다. 이럴 때 한가한 오락 쪽으로 돌리거나 고립을 통한 은둔 현상이 일어난다. 이럴 때 주변에서 많은 관심을 가지고 구출해 주려고 노력한다.

학업 및 사회생활 등을 통해서 많은 학식과 경험을 자의 또는 강요로 깨우침을 얻었다. 이는 누군가에 의해 생각을 '깨워는 주었다'는 것이다. 즉 어디선가 필요한 정보를 얻은 것이다. 그러나 '일으키지는 못했다'는 행동에 관한 것으로 이는 당사자의 의지에 관한 몫이다.

　학습된 지식과 다른 사람들의 도움이나 충고가 얼마나 중요한 역할을 하고 있는지! 능동적으로 자신의 삶을 변화시키고 목표를 향해 나아가는 태도를 갖추고 있는지!
　외부의 도움에 의존하기보다, 스스로 문제를 해결하고 목표를 달성하려는 의지가 얼마나 있는지! 에 대한 되새김이 필요하다.

03
가로등은 어두울수록 그림자를 선명하게 한다.

등대불은 어둠이 짙을수록 멀리 빛나고,
가로등은 어두울수록 그림자가 뚜렷하듯
사람은 역경 속에서 본모습이 드러난다.

　우리는 처해 있는 상황이나 환경에 따라 다양하게 영향력을 발휘하게 된다. 등대와 가로등의 빛은 주변이 어두울수록 더 강한 명암을 만들어 뚜렷하고 선명하게 보인다.
　어려운 상황에서 문제나 갈등이 더 분명하게 드러날 수 있다. 어려움이나 역경이 클수록 어떤 것은 더 긍정적인 영향력을 발휘하고, 어떤 것은 문제를 더 뚜렷하게 드러나게 된다.

　등대는 불특정한 선박의 이정표로서 존재한다. 물론 가로등도 어두운 밤 길손의 안전을 도모하기 위하여 인간의 힘으로 설치한 것이다. 늘 해가 있다면 등대나 가로등은 존재의 가치가 없다. 그러나 밤과 낮이 존재하는 것은 불변이다.

그렇다면 등대나 가로등은 어두운 밤을 기다릴 것이고, 선박과 길손은 밝은 해를 기다릴 것이다. 우리는 등댓불과 가로등의 역할처럼 각자 특정한 영역에서 삶을 영위하려고 한다.
즉 주어진 영역에서 어떤 방향을 향하여 어떤 모습으로 강력한 빛을 낼 것인가에 대한 질문을 받게 된다.

세상을 편향적으로 보고 싶은 대로 본다면 잠시 사실을 감추었을 뿐 언젠가는 드러나지 않을까! 내 기량을 어떻게 표출하느냐에 따라 바라보는 관객이 달라지지 않을까! 내 발자국이 선명할수록 삶의 행복지수가 크지 않을까!

04
버린것도 다듬으면 걸작으로 바뀔 수 있다.

내가 실패해서 버린 그 무엇도
누군가의 손길이 닿으면 예스러운 걸작으로 바뀔 수 있다.

주위에 가치 없거나 쓸모없다고 버려진 것들도 누군가에게는 소중하고 귀중하게 사용할 수 있다.

즉 개척하거나 창작 과정에서 실패하거나 미완성 상태에서 버리거나 사장된 경험이나 사물들이 누군가에 의해 새로운 모습으로 완성해 가는데 중요한 기술적 정보로 활용된다. 따라서 이 정보를 특별한 가치와 용도로 활용된다면 의미 있는 자산으로 변모하게 된다.

우리 인간의 욕망이 사라지지 않는 한 문명의 발전에는 종착점이 없다. 욕망은 새로운 것을 추구하고, 추구하는 바를 성공시키는 성취감에 의해 삶의 희열을 즐기게 된다.

문명의 발전은 유구한 릴레이다. 즉 이어달리기와 같이 종착점이 없는 경기와 같다. 사람은 심리적으로 자기의 생각이 진부하다거나 실행하기에 부족하다고 판단되는 순간 포기하거나 원초적인 사실 자체를 지우려고 한다.

　즉 자기의 실패한 창작물 및 낡은 사물 또는 생각을 무심코 없었던 것으로 묻어 버리기도 한다. 그러나 그 버려진 것이 누군가에게는 성공의 디딤돌로 이용되어 진다. 즉 반복적 실패를 막기 위해 오답 노트와 같이 활용을 한다.

　독창적 사고에서 크고 작은 실패와 권태가 더 강력한 지혜로 성장해서 타인에게 밑거름이 된 것이 무엇이었을까! 내가 놓은 주춧돌은 땅에 묻혀 쓸모없는 돌이 되고 있을까!

05
내게 주어진 행복을 관객들에게 맡길 수 없다.

삼라만상은 나에게 맡겼지만,
내게 주어진 행복을 관객들에게 맡길 수 없다.

    세상의 만물은 우리에게 무한한 가능성과 선택의 자유를 주었지만, 오롯이 개인의 행복은 그 만물 안에서 찾아 선택해 가는 고유한 자신의 몫이다.
    이는 자신의 행복이 타인의 평가나 시선에 의해 결정되는 것이 아니다. 스스로 찾아 활용하고 그에 대한 책임을 지는 것이다. 자기 삶의 주체로서 자신의 행복을 직접 관리하고 추구해야 한다는 의미를 비유한 말이다.
    온갖 우주 만물은 우리에게 각자 필요한 것을 필요한 만큼 사용하게 내어주고 있다. 전제는 현상 변경 없이 있는 그대로 사용하는 것만을 허용한다. 분명한 것은 현상을 바꾸려고 하거나 사유하여 지배하려면 반드시 그에 상응하는 대가를 지불해야 한다.

우리는 행복을 찾아서 성취를 위한 과정에는 시·공간에 따라 정신적, 물질적인 대가를 투자하게 된다. 이는 사회적 관점에서 지향하는 가치 실현과 자신의 명예와 지위를 획득하는 과정과 같은 맥락이다.

가치 실현 끝에 성취한 행복을 남에게 주고 싶은 사람이 있을까! 행복을 찾는 비전은 미래의 모습을 공상하고 실현하기 위한 명확한 목표와 계획이 설정되어야 할까!

비전은 개인의 자율성과 독립을 추구하여 현실로 만드는 고정값이다. 목표와 희망의 포괄적 의미를 담은 사회적 책임 간의 균형을 찾는 것이다.

06
박식한 사람보다 후덕한 사람을 따라간다.

산새는 높은 나무보다 그늘 깊은 나무를 따르듯
사람은 박식한 사람보다 후덕한 사람을 따라간다.

    우리는 사회적 존경 욕구에 몰입되어 경쟁으로만 바라본다. 물론 지식은 개인뿐만 아니라 사회적으로 중요한 자원이다. 그 자원을 효과적으로 활용하는 것 또한 지덕이다.
    지덕智德은 지식을 행동으로 옮기는 것으로써 현실을 유용하게 만드는 힘이다. 사회적 관점에서 단순히 많은 정보를 가지고 있는 것보다 그 정보를 어떻게 사용하는가에 따라 대접받는 정도가 다르다는 의미를 내포하고 있다.
    우리는 치열한 경쟁 교육과정에서 얻은 지식을 권위로 착각하여 누군가를 얕잡아 보거나 군림하고 나아가 사회를 통제하려고도 한다. 이러한 현상은 자신은 우월성을 갖게 될지언정 사회를 편향주의적 문화로 빠져들게도 한다.

과연 박학다식한 사람은 그만큼 사회적으로 대접받고 있을까! 이들은 갖은 지식만큼 지혜롭게 행동할 거라는 통념에 빠져있지 않을까! 지혜를 좋아하지만 깨닫지 못하면 그 결과는 허무맹랑한 것이다. 또는 순수성과 진실성 등을 접어놓고 수단과 방법을 다 쓴다면 그 또한 폐단이다.

사람은 사물을 선택할 때 여러 부분을 비교한다. 즉 원리, 내구성, 성능 등을 파악하고 본인이 활용하기에 최적인 것을 선호한다. 사회도 마찬가지다. 어질고, 영리한 사람 즉 지덕을 갖춘 사람이 호감도가 높다.

우리의 지식은 아는 것에 의존하는 것이고, 지덕은 이에 자신의 인성을 더하여 행동하는 것이다.

07
행동은 주머니에 생각은 창고에 담는다.

행동은 습관의 터전에 쌓고,
생각은 희망의 하늘에 띄워라.

　　사소한 행동이 큰 문제를 일으키기도 하기에 조심해야 한다. 행동은 생각이 표현되는 것으로서 행동이 생각을 지배할 수 없다. 따라서 행동이 경직되어 있으면 생각이 아무리 진취적일지라도 성과는 떨어진다. 이 행동은 습관적으로 반복되어 삶의 여정을 달라지기도 한다.
　　생각은 단순한 현재의 모습에 머무는 게 아니라 미래에 대한 희망을 키워가는 것이다. 따라서 비전과 목표, 긍정적 기대의 영역은 무한히 키워가야 한다. 이 생각이 앞으로 나아가게 하는 원동력으로서 넓고 높은 하늘에 비유한 말이다.
　　우리의 사회적 관념은 원하는 대학에 합격하고, 적성에 맞는 직장에 입사하며, 누락되지 않고 승진하는 것 등일 것이다. 사업가라면 생각 이상으로 큰 수주를 받고, 매출액과 손익이 좋은 것 등일 것이다. 이것이 우리가 바라는 희망이다.

이처럼 목표 또는 목적을 성취하였을 때 자연스럽게 일어나는 모습은 희망에 의한 목적 달성에 따른 기쁨일 것이다. 그러기 위해서는 습관적 행동이 필요하며, 습관을 통제하는 생각이 중요하다.

"희망이 있는 사람은 음악이 없어도 춤을 춘다."라는 말이 있다. 즉 음악이 없는데도 기분이 좋으면 자기도 모르게 콧노래가 나오고 어깨가 들썩들썩할 때가 있다. 과연 어깨춤이 나올 때는 언제일까! 이는 희망 속에 품고 있는 목표를 향해 한 발자국씩 다가갈 때 나오는 춤이다.

희망이 없다는 건 목표가 없다는 말이다. 목표를 설정하고 그 정상에 올라설 때까지의 단계 단계에서 나오는 춤이 진정한 춤일 것이다.

08
변화는 새로운 세상을 만들겠다는데 있다.

나무가 계절을 맞이하듯 변화를 받아들이는 비결은
새롭게 피어날 도전을 향한 의지에 달려있다.

　자신의 삶을 바꾸겠다는 건 변화에 대한 능동적 행동과 긍정적인 생각에서 나온 것이다. 과거의 습관을 바꾼다는 건 두려움보다 오히려 자신의 의지에 내포된 갈등에 도전하는 것이다. 의지는 현실을 뛰어넘고 새로운 목표를 설정하여 발전하려고 하는데, 그 안에는 방해하는 습관이 끼어드는 경우가 있다.
　변화는 자신을 위한 것이 아니라, 공공사회의 일원으로서 당연한 의무라고 생각하면 능동적인 동기로 바뀐다는 의미로 한 말이다.
　세상에 모든 일은 때와 장소에 따라서 변한다. 불변한다는 그 자체가 불가능한 것이다. 사회 형태가 어떤 상황에 이르면 그대로 유지하려고 해도 변하지 않을 수 없다.
　선구자는 미래가 어떻게 변할 것인지를 예측하고 상황이 변하면 자신이 먼저 변하듯이 자신의 새로운 환경을 위해서는 마음의 변화부터 시작해야 한다.

어떻게 변할 것인지를 알거나, 변화가 밀려왔음에도 스스로 변하지 못하는 거는 오직 자신의 의지가 약하기 때문이다. 만일 스스로 깨치지 못하고 외부에 의지만 한다면 영원하게 전망이 없다. 변화는 능동적인 행동으로써 새로운 세상으로 바꾸어 가는 초석이 되는 것이다.

위대한 철학자나 정치가 등은 모두 난세에 나타났다. 난세의 사람들은 삶이 고통스럽기 때문에 사상으로 문제를 해결하려 한다. 삼라만상은 엄격한 규칙 속에서 불규칙한 현상이 벌어지듯이 사람도 본성의 바탕 위에서 건전한 변화가 일어나야 한다.

09
협곡은 산을, 바다는 하늘을 원망하지 않는다.

협곡은 산을, 바다는 하늘을 원망하지 않듯
사람은 부모를 원망할 리 없다.

    협곡과 산, 바다와 하늘은 서로 조화롭게 존재한다. 상호작용에 의할 뿐 크고 작음에 개의하지 않고 주어진 현상을 그대로 받아들이며 공존한다.
    이처럼 우리도 자신의 출생과 처한 환경을 겸허하게 받아들이고 존중해야 한다. 부모에 대한 존중과 감사, 그리고 스스로 책임을 수용하는 자세가 조화로운 삶을 살아가는 데 중요한 요소임을 강조한 말이다

    골짜기가 작다고 해서 산이 잘못됐다고 원망하지 않고 묵묵히 산과 함께 존재한다. 또한 바다와 하늘은 서로 밀접한 관계에 있다. 거대한 바다가 설상 물을 채우지 못한다고 해서 하늘을 탓하지 않는다. 오히려 하늘과의 상호작용 속에서 충실히 역할을 다한다.

역시 우리도 조화를 이루어 살고 있다. 부모의 결정을 비난하기보다는 이해하고 순수하게 받아들인다.

완벽한 인간이 없듯이 부모도 완벽하지 않으며, 그 부모 또한 나름의 어려움과 도전을 겪으며 최선을 다했을 것이다.

부모는 자신의 육체적 영원한 고향이자 뿌리이다. 부모의 선택과 결정, 그들의 삶의 방식은 우리에게 많은 영향을 주었다. 즉 그로 인해 성장과 배움의 기회를 얻었다.

따라서 자신의 삶은 직간접적으로 부모의 영향을 받아 긍정적으로 자신을 만들어 가는 것이다. 부모의 장점을 계승하고, 부족한 부분은 개선하여 자신의 삶을 책임져야 한다.

**어디로 가야
행복을
찾을 수 있을까?**

닦아야 길이 되는 것이다.

3분, 인생을 바꾸다 **3min. change your life** **4**

어디로 가야 행복을 찾을 수 있을까

01 한 그루의 나무를 숲이라 할 수 없다.
02 대나무는 마디가 있어 싹쓸이 바람을 이겨낸다.
03 물은 삽질하는 방향으로 흐른다.
04 잔에는 물이 적당히 차야 안정된다.
05 사물은 언제나 진실을 드러낸다.
06 특권층의 탐욕은 하이에나처럼 해친다.
07 달맞이꽃은 달에 충성하며 살아간다.
08 성숙은 변화에서 창출해 나가는 여정이다.
09 산이 크면 메아리도 크고 짐승도 많이 꼬인다.
10 바람은 구름을 안고 고향을 버린다.

01
한 그루의 나무를 숲이라 할 수 없다.

두 나무가 함께 뿌리내려야 숲이 되듯
동행할 때는 행복과 지혜를 만끽할 수 있다.

우리는 현재의 삶에 충분한 행복감을 느끼고, 값진 경험을 얻으며 살기 위해서는 옆 사람과 속도를 조절할 줄 알아야 한다.

숲을 이루기 위해서는 함께 생존해야 하듯이 공존할 줄 알아야 한다. 따라서 더 많은 사람과 함께할 수 있고, 더 큰 행복을 발견할 수 있다. 즉 바쁘고 조급한 일상에서 여유를 찾고, 삶의 소중함을 놓치지 않도록 함이 중요하다. 즉 주변을 돌아보는 시야를 찾는 법을 비유한 말이다.

천천히 걷는다는 건 단순히 물리적 속도를 낮추는 것이 아니다. 이는 마음의 여유를 갖고 현재의 순간을 행복지수로 바꿀 수 있는 지혜를 뜻한다. 속도를 줄이면 시·공간을 얻게 된다. 즉 여유를 가짐으로써 소중한 지혜를 더 많이 얻을 수 있다. 단순히 목적지를 향해 빨리 가는 데에만 의미가 있지 않기 때문이다. 삶에 있어 성취에 목적을 두고 가다 보면 삶의 진미를 놓칠 수 있다.

그뿐만 아니라 실패의 확률을 증폭시킬 수도 있다. 더 큰 지혜와 행복을 위해 적절한 속도 조절이 필요하다. 따라서 자연의 섭리를 인식하면서 개인주의적 사고에 의한 폐해에서 벗어나 공동체 의식을 갖는 것이 중요하다.

즉, 사회적 공유된 가치와 상호 협력이다. 자연의 조화를 통해 인생의 지혜를 터득하고 그의 진가를 되돌아볼 수 있다.

02
대나무는 마디가 있어 싹쓸이 바람을 이겨낸다.

대나무는 마디가 있어 싹쓸이 바람을 이겨내고
인간은 생각이 유연하기에 생존한다.

    인간이 살아가는데 예상치 못한 환경에 접하게 된다. 그렇다면 어떠한 방법으로 극복해 나가느냐의 문제이다. 우리는 대나무처럼 강인하면서도 유연한 자세를 갖고, 변화에 유연하게 적응해야 한다.
    물론 자신의 원칙을 지키는 균형 있는 삶을 위하여 자연의 섭리와 인간의 유연성을 통해 어떻게 어려운 상황을 극복할 수 있는지를 비유한 말이다.

    대나무는 마디라고 하는 특수 부위가 있기에 부러지지 않고 지탱하게 된다. 그렇다면 우리는 성장하는 과정에서 어떤 마디가 있으며, 각자 어떻게 난관을 극복하고 있을까! 그것은 바로 생각의 유연성이다. 이는 개인이나 조직이 변화에 적응하고, 혁신적이며, 효율적으로 목표를 향하여 더 나은 성과를 달성하는 데 핵심적인 요소다.

유연한 사고는 새로운 상황에 빠르게 적응하는 것이다. 이는 닥친 문제를 해결할 수 있는 능력으로 변화하는 환경에 생존하기 위한 것이다. 다양한 창의적 관점과 방법을 수용할 수 있는 유연한 사고가 필요하다.

단단하기만 하고 유연하지 않으면 쉽게 부러지기 마련이고, 반대로 유연하기만 하고 강도가 없으면 쉽게 휘어지기만 할 뿐이다. 따라서 우리의 균형 있는 삶을 위한 원칙과 신념을 지키는 강인함이 필요하다.

03
물은 삽질하는 방향으로 흐른다.

물은 삽질하는 방향으로 흐르고,
두렁은 쇠고삐 당기는 대로 생긴다.

모든 일은 정확한 목표를 갖고 추진하거나, 목적지를 명확히 하고 간다면 헛된 걸음이 되지 않을 것이다.

즉 소를 매개체로 논밭을 갈 때 소의 굴레에 매어 끄는 고삐를 이용하여 자신이 이끄는 대로 두렁이 생긴다.

이처럼 자신이 의도한 대로 어떤 매개체를 이용하여 상황을 이끌어 갈 수 있다는 의미를 비유한 말이다.

일의 방향을 명확히 하고 준비된 기량을 최대한 활용한다면 목적 달성에 의도적 장해를 줄이고 혹 발생했더라도 극복이 용이하다.

일하다 보면 성공도 하고 실패도 한다. 즉 성공과 실패는 동전의 양면과 같다. 다만 실패를 통해 성공을 이루는 것이다. 실패한 사람들은 "주위 환경이 좋았더라면 크게 성공했었을 수 있었을 텐데"라고 말하는 사람도 있다.

    그러나 현재의 고난과 역경을 극복하고 미래를 꿈꾸는 것이 성공의 시작이다. 성공한 이들은 특별한 능력과 동력을 가지고 태어난 것이 아니고 고난과 고통 속에서 희망을 찾은 거다.
    환경이 어떤 목표를 달성하는데 일정 부분 도움을 줄 수는 있다.
    그러나 환경이 성공에 지대한 영향을 미친다면 몸이 불편한 사람, 나이가 많은 사람, 배우지 못한 사람 등은 모두 성공할 수 없지 않겠는가?

04
잔에는 물이 적당히 차야 안정된다.

잔에는 물이 알맞게 담겨야 안정되듯
사람도 욕심을 적당히 가져야 가장 평온하다.

잔이 비거나 너무 가득 차 있을 때 안정감을 잃는다. 즉 그릇에 담겨야 할 물건이 적당량 담겨 있을 때 비로소 안정된 상태에 있을 수 있다. 우리의 삶에 있어서 질투와 기쁨 또는 포용의 균형을 통해서 자신의 평온을 찾는다.

지나친 욕심이나 욕망을 가지면 불안정해진다. 마음의 감정 상태가 적정한 조화를 유지할 때 편안함을 느낄 수 있다는 것을 비유적으로 한 말이다.

자신이 중요하게 생각하는 가치 활동에 따라 안정감을 느끼는 상황은 다양하다. 즉 가족 및 친구들과의 관계, 거처하는 장소나 직장, 여유로운 휴식, 이외에 여러 상황을 생각할 수 있다.

일상적 삶 속에서 지속 가능한 안정감을 찾는다. 일관된 일상에서 벌어지는 일들이 상황 예측이 가능하고, 스스로 통제가 수월한 것이어야 할 것이다. 또한, 심리적으로 자신의 감정을 이해하고 표현할 수 있는 능력을 갖추고 있을 때 안정감을 느끼게 된다.

　당신의 마음이라는 그릇에 무엇을 담고 있는가! 그 그릇의 크기를 과대하거나 과소하게 평가하고 있지 않은가! 마음의 그릇에 과도하게 채우려는 소유욕만 갖고 있지 않은가!
　아니면 마음의 그릇에 아무것도 담겨 있지 않기에 아직도 그 무엇을 찾고 있는가!

05
사물은 언제나 진실을 드러낸다.

말은 일시적으로 사람을 속일 수 있지라도
사물은 언제나 진실을 드러낸다.

　말은 교감의 강력한 수단으로서 정보를 전달하거나, 명령 이외에 특히 정서를 표출하면서 때로는 가식이 잠재하여 속임수로서 허세를 떨기도 한다. 하지만 사물의 기능은 명확하게 구체적이며, 개별적인 존재로서 어떤 사용자에게도 필요 충족에 의한 입증으로 속임이 없다.
　진실은 자신의 순수성을 통해 사회적 신뢰를 얻게 된다. 이를 통하여 협력과 공동체 의식이 강화된다. 그 밖에 개인의 심리적 안정은 물론 사회적 안정을 가져오게 된다는 의미를 비유한 말이다.
　언어는 생각을 전달하는 강력한 도구이지만 때로는 진실을 감추거나 왜곡할 수 있다. 사람은 말로써 감정을 숨기거나 상황을 다르게 표현할 수 있다.
　그러나 이와 같은 왜곡은 오래가지 못하는 것이 언어의 한계이다. 진실과 정직함을 중요시해야 한다.

왜곡하거나 숨기기보다는 사물처럼 현실을 그대로 순수하게 표현하는 것이 중요하다. 이를 통해 신뢰와 존경을 받게 된다.

사물과 자연환경은 그 자체로 진실성을 담고 있다. 아무리 꾸며도, 실제 사물과 현실은 변하지 않는다. 기계도 설계된 범위를 벗어나면 멈추거나 망가진다.

이는 진실을 왜곡하거나 숨기려고 해도 결국은 드러나게 된다. 사물 그 자체로 정직하고, 이는 행동과 결과를 통해 드러난다.

진정으로 신뢰와 존경을 받기 위해서는 정직해야 한다. 말로써 사람들을 속이는 건 일시적인 성공을 가져올 수 있지만 결국에는 진실은 밝혀지기 마련이다.

06
특권층의 탐욕은 하이에나처럼 남을 해친다.

하이에나가 먹이를 독차지하려는 순간 질서가 무너지듯,
특권층이 탐욕으로 뭉치면 사회가 혼란해진다.

　　힘을 갖은 사람들이 개인적 이익을 위해 결탁하면 사회에 부정적인 영향을 미치고 혼란을 초래할 수 있다. 즉 그들이 개인적 이익을 위해 힘을 남용할 때 집단이나 사회적으로 부정적인 결과를 일으킨다.
　　힘은 사회에 기반하여 얻게 된다. 따라서 사회에 직접적 영향을 미치는 힘일수록 공공의 이익을 위해 책임감을 인식하고 윤리적 행동을 해야 한다는 말을 비유한 말이다.
　　특권층은 사회에 미치는 영향을 신중히 생각하고, 사회적 책임에 앞장서야 하며, 모두가 이익을 누리는 조화로운 사회를 구축하는 것이 중요하다.

하이에나가 무리를 형성하면 아주 위협적인 존재가 된다. 그러기에, 이 짐승들은 떼를 지어 사냥감을 찾아다닌다. 아주 위협적인 무리이다. 인간 사회에서도 상대가 상처를 입었을 때 기회를 노리고 약점을 찾아 물어뜯는 부정적 현상이 벌어진다.

힘을 가지고 있는 사람들이 자신들의 이익을 위해 뭉치면, 사회 전체에 큰 영향을 미칠 수 있다.

자신들의 이익을 위해 타인을 무시하거나 배척함으로써 사회의 공정성과 안정성을 위협할 수 있다.

힘은 사회적 책임과 도덕성을 지키며, 사회의 구성원이 공평하게 혜택을 누리고, 신뢰와 존중이 기반 된 안정적 사회를 위해 활용될 때 진가를 발휘한다.

07
달맞이꽃은 달에 충성하며 살아간다.

달맞이꽃은 달에 충성하지만,
해바라기는 해만 바라보며 살아간다.

　　삶을 살아가는 방식은 각자 가지고 있는 가치관과 환경에 따라 추구하는 방식을 찾아간다.
　　즉, 자기의 기본 신념(철학) 속에서 사회적, 경제적, 문화적 환경에 따라 다르게 생각하고 행동한다.
　　어떤 사람들은 특정한 명예에 목표나 가치를 부여하고 충성하여 그 방향을 지키며 살아가지만, 어떤 사람은 부에 목표와 가치를 두어 다양한 경험과 영향을 받아 여러 방향으로 삶을 영위하는 것을 비유한 말이다.

　　사람은 저마다 본래의 도리를 지키고 자기에게 주어진 의무를 마땅히 수행하기 위하여 모든 일에 주인의식이 필요하다. 학생은 공부가 기본이고, 병을 치료하는 의사는 의술이 기본일 것이다. 또, 부모는 자식을 훌륭하게 키우고, 자식이 부모를 공경하는 건 근본이다.

자신 및 주위에 문제가 발생하는 것은 자신의 본분을 발휘하지 못하거나 사명감이 부족하여 방관함으로써 일어나는 현상이 다반사이다. 조직사회 및 권위적이고 관료주의적 사회에서 확연하게 드러나는 현상이다.

    특히 '마처세대'를 생각하게 된다. 1960년대 후반부터 70년대 초반에 태어난 세대를 지칭한 말이다. 마침내 이들이 한국 사회의 건전한 대외적 주인의식을 갖게 된 동기가 되지 않았는지 생각한다.
    이들은 한국 사회의 전통적인 가치관에서 현대적인 가치관으로 급격히 변화하던 시기에 다양한 사회적 문화적 영향을 받았다. 이는 한국 현대사회에서 중요한 전환점을 가져왔다.

08
성숙은 변화에서 창출해 나가는 여정이다.

존재는 변화를 겪는 것이고, 변화는 성숙해 가는 과정이며,
성숙은 자신을 창출해 나가는 여정이다.

변화는 삶의 본질적이고 필연적이며 이를 통해 성장해 감으로써 개인이나 사회가 발전하는 과정이다. 이는 단순히 외형적인 변화를 넘어서 내적인 성숙을 위해 경험과 배움을 통해 지혜와 지식을 얻는 도구와 같은 것이다.

따라서 성숙은 단지 나이를 먹거나 경험을 넘어서 자신을 새롭게 만드는 과정으로써 자기 인식과 개선을 통해 자신을 계발하고 거듭 계발해야 한다는 의미를 담은 말이다.

우리의 삶은 존재를 넘어 변화, 성숙, 배움, 자기 계발, 등의 과정이 상호 연결되어 있다. 즉 발전과 배움은 변화와 함께 성숙의 과정에서 중요한 역할을 하는 요소이다. 변화는 피할 수 없는 것이며, 그것을 바탕으로 끊임없이 자신을 창조해 나가고 있다. 결국, 변화는 자신의 존귀를 얻는 도구이다.

숨 막히게 변화하는 환경에서 어느 하나를 선택해야 하는 갈등을 느끼게 된다. 인간의 기대 즉 희망이 크면 갈등도 한층 크게 작용한다. 갈등은 필연적 현상으로 성장을 위한 변화의 과정이다. 이는 불편하고 어려운 상황이지만 그 속에서 우리는 새로운 가능성을 발견하고 더 나은 방향으로 찾아 나갈 수 있다.

09
산이 크면 메아리도 크고 짐승도 많이 꼬인다.

산은 클수록 메아리도 크고 들짐승도 많이 꼬여들 듯
사람은 높이 오를수록 유혹에 빠질 수 있다.

　　목표가 크면 보상이나 성취감도 크지만, 동시에 더 많은 도전과 어려움을 마주할 가능성이 크다. 큰 산은 많은 생명체를 끌어당기듯 큰 성취나 업적은 더 많은 사람의 긍정적인 관심뿐만 아니라 비판이나 도전적 주목과 관심이 함께 따라올 수 있다.
　　역할이나 책임이 크면 그만큼 수용할 역량을 길러야 한다. 그렇지 못하면 유혹에 빠져 좌절하게 된다는 의미를 은유한 말이다.
　　당연히 산이 크면 덩치가 큰 짐승이 서식하듯이 사람이 너그럽게 포용할 덕을 갖추고, 기량과 지혜가 큰사람일수록 사회에 기여도가 높아 주위에 따르는 사람들이 많게 된다.

　　모든 사람에게 주어진 조건은 같다. 그러나 사회나 공동체에서 똑같은 포용력을 가지고 있지 않다.

포용력은 자신의 강점을 발견하고 집중하여, 다른 사람에게 긍정적인 영향을 미치는 존재가 어느 정도 인가에 따라 다르다.

따라서 자연스럽게 포용력과 공헌하는 영향력에 따라 강인한 힘을 발휘하게 된다. 큰 산에 많은 짐승이 모여들 듯이, 큰 역할이나 책임을 맡게 되면 다양한 문제나 상황을 직면하게 되는데, 그에 따른 리스크와 책임 또한 감수해야 한다.
그러면서 높은 목표의 도전에 따르는 큰 보상과 동시에 책임과 어려움을 통해 성장하게 된다.

10
바람은 구름을 안고 고향을 버린다.

바람은 구름을 안고, 물은 낙엽을 싣고 흘러가듯,
사람도 때론 소중한 것을 던지고 새로운 길을 선택해야 한다.

과거의 삶은 굽은 길을 걸어왔는지, 곧은 길이었는지를 따지지 않고 추억으로만 남는다. 반면에 앞으로 갈 때는 그 길의 끝이 어디인지 보이지 않기에 정처 없는 길이 된다.

분명한 건 앞을 향해 가는 그 길목에 수많은 향취를 남기고 영원한 종착점에 이르게 된다.

인생은 오직 자신이 만들기에 정해진 길이란 없다. 방법은 언제나 내 안에서 스스로 추억을 쌓아가는 것이다.

 모든 바람은 봄바람만 있는 것은 아니다. 여름과 가을에 태풍이 불기도 하지만 결국 목적지는 육지이다. 또한 강물과 계곡물의 속도는 저마다 처한 환경에 따라 서로 다르지만, 종착점은 바다이다.

세찬 태풍도 어느 지점에 다다르면 위력을 잃고 지나간 길은 상처만 남기고 간다.

어차피 좋았던 것도 나빴던 것도 세월과 함께 흘러갔고 바람처럼 소멸했을 뿐이다. 구름이 움직이기 위해서 바람이 필요하겠지만, 맘대로 부는 바람에 구름이 무슨 의미가 있겠는가!

삶에서 바라는 것은 결코 과거의 이력이나 고통스러웠던 지나간 세월의 추억을 찾는 것이 아니다. 날아가는 새가 뒤돌아보지 않는 것처럼 우리는 앞으로 가는 길목에 남아 있는 행복을 찾아가는 것이다.

만약 지나온 길이 인생의 끝이라고 생각하면 얼마나 서글프겠는가! 그러나 남아 있는 그 길의 끝은 어디인지 보이지 않기에 행복한 것이다. 나그네로서 갈 길이 남아 있기에 행복한 것이다.

바람이 속삭이는 진리를 들려주네

유연한 사고가 성공의 나침반이다.

3분, 인생을 바꾸다 3MIN 5
3min. change your life

바람이 속삭이는 진리를 들려주네

01 갈대는 바람과 함께할 때 우아해진다.
02 언덕을 넘는 이유는 추억을 찾기 위해서다.
03 물이 넘칠 땐 흘려보내고 고일 땐 덜어 낸다.
04 얼음을 굽는다는 건 마음만 고달프다.
05 능참봉 떡 훔치고 독배 앞에서 떠는 신세다.
06 꺾인 나뭇가지 흔적 감추기 어렵다.
07 하찮은 허수아비에 늑대는 혼비백산 한다.
08 석양에 고백하고 둥근달에 희망을 속삭인다.
09 물은 빈 곳을 채우고 흘러내린다.

01
갈대는 바람과 함께할 때 우아해진다.

갈대는 바람과 함께할 때 우아해지고
바람은 벌판을 지나며 자신의 기량을 드러낸다.

갈대는 바람에 의해 흔들린다는 건 서로의 존재를 인정하고 받아들이며 화합을 이룬다. 자연은 조화롭게 어우러져 존재한다. 갈대와 바람 사이에는 '사그락사그락' 소리를, 바람은 벌판을 지날 때 '휘파람' 소리를 낸다.

이들은 서로 거부하거나 그 어떠한 갈등을 일으키지 않고 오롯이 받아들인다. 서로의 존재를 통해 각자의 아름다움과 능력이 발휘된다는 의미를 은유한 말이다.

갈대가 바람 따라 움직이고, 바람은 넓은 벌판을 거침없이 지난다는 건 유연성과 자연의 순응을 상징한다. 이처럼 우리의 삶도 주위 환경에 따라 변화와 도전에 유연하게 대처하는 지혜를 요구한다.

바람이 갈대를 흔들고, 갈대는 바람의 존재를 드러낸다. 바람은 벌판을 마다하지 않고 자유롭게 흘러간다. 우리도 처한 환경을 인정하고 받아들이기를 바란다. 또한 제한받지 않고 기량과 환경을 수용하는 개방적이고 자유롭기를 바란다.

이처럼 자연의 원리와 조화를 통해 갈대와 바람이 조화롭게 어우러지는 모습을 통하여 유연성과 수용의 중요성을 알게 된다. 그리고 바람처럼 벌판을 지나듯이 삶의 여정에서 자유를 찾아 어떠한 제약도 받지 않기를 추구한다. 그러나 그러한 환경은 결단코 존재하지 않는다.

다만 열린 마음으로 자신의 기량과 환경을 수용하는 개방 속에서 자유를 찾아간다.

02
언덕을 넘는 이유는 추억을 찾기 위해서다.

땀 흘리며 골짜기를 넘어야
언덕 너머의 소중한 추억을 마주할 수 있다.

우리는 결과를 얻기 위한 과정과 그 경험에 대하여 강인하게 나타난 현상들을 간직하려고 노력한다.

따라서 현재의 고난과 노력이 결국에는 값진 결과로 이어져 추억이 된다. 목표를 향해 나아가면서 성장하고 그 과정에서 소중한 추억과 성취감을 얻게 된다. 그래서 삶의 종착점을 향해 현재의 어려움을 극복하고 목적 달성을 위해 나아가야 한다는 의미를 은유한 말이다.

삶에서 노력과 인내는 중요하다. 인생에서 피할 수 없을 것 같은 어려운 고통을 겪는 협곡을 만나는 경우가 있다.

이 작은 골짜기를 지나는 과정은 우리가 목표를 이루기 위해 필수적으로 거쳐야 하는 과정이다. 땀 흘리며 노력하고 인내하는 것은 우리를 더 강하게 만들고 스스로에 대한 신뢰를 쌓게 한다.

삶의 목표와 비전은 소중하다. 저 '언덕 너머에 있는 추억'은 비전과 목표를 상징한다. 이것은 장기적으로 달성하고자 하는 영감을 주고 방향을 명확히 하는 비전과, 이를 실현하기 위해 측정 가능한 목표를 가지고 있다는 것이다.

따라서 그 목표는 우리가 현재의 어려움을 이겨낼 수 있는 동기가 된다.

언덕 너머에 도달했을 때 얻게 되는 추억은 그동안의 고생과 노력이 헛되지 않았음을 증명해 주는 추억과 성취감이다.

03
물이 넘칠 땐 흘려보내고 고일 땐 덜어 낸다.

강물은 넘칠 때는 더해 흘려 보내고, 고일 때는 덜어 담듯,
마음에 평화를 위해서
줄 때는 더해서 주고, 받을 때는 빼고 받아라

    인간관계와 상호작용에서의 관대함과 호의를 통해 얻을 수 있는 심리적 안정과 상호 관계의 질을 높이게 된다. 물질뿐만 아니라 마음을 더해서 주고, 빼고 받는다는 것은 '배려'라고 하는 심리적 작용이다. 이를 통하여 대인관계의 상호 갈등을 줄이고 심리적 안정과 자신의 심리적 안정과 만족을 더 쉽게 얻을 수 있다는 의미를 비유한 말이다.
    '더해서 준다'는 것은 마음의 성의를 다하여 상대를 인정하는 것이다. 즉 상대에게 마음을 주기 위해서 가치 있게 다가가는 것이다. 이는 심리적으로는 자신을 낮추겠다는 마음과 상대를 존중하겠다는 마음이 함축되어 있다.

사람에게 무엇인가를 줄 때 기대 이상으로 주면, 신뢰와 호감을 형성하고 관계가 강화해진다. 즉, 이와 같은 행동은 마음의 평화를 가져오고 자존감을 높일 수 있다. 누구로부터 무엇인가를 받을 때 기대치를 낮추면, 작은 것에도 감사함을 느낀다.
　이는 겸손한 태도를 갖추는 데 도움이 된다. 또한 물질적, 정서적으로 더 큰 평안을 가져다준다.

　결과적으로, 이를 실천함으로써 인간관계에서 갈등을 줄이고, 심리적 안정과 만족감을 크게 얻을 수 있다. 따라서 더 나은 대인관계와 내적인 평화를 추구할 수 있게 된다.

04
얼음을 굽는다는 건 마음만 고달프다.

화롯불에 얼음을 구워 먹는다는 생각은
허황된 목표로 마음만 고달프다.

    삶의 행위를 역행하면 어떻게 될까! 불가능한 목표는 실패는 물론 그 과정에서 괴로움과 좌절을 겪게 된다.
    불가능은 없다지만 현실적으로 존재한다. 그에 대한 예측은 사회 통념의 객관적 분석으로 알 수 있다.
    객관적으로 불가능한 일을 시도하는 것은 어리석은 행위다. 한계와 현실을 이해하고 불가능한 일에 고집부리지 말아야 한다. 이는 상식 밖의 행동을 비유하여 꼬집는 말이다.
    생각을 바꾸어 새로운 창작의 사고를 갖고 도전하려는 의지는 높이 살만하다.
    그러나 가당찮은 일을 억지로 하려고 하면 그 일은 결단코 성공시킬 수 없다. 따라서 그 편향적 고집으로 인해서 인생만 고달파 진다.

창작물을 창출하기 위한 행위를 할 때는 주체와 객체가 어떤 상호작용으로 인하여 결과가 어떻게 나타날 것인가를 충분히 살펴보아야 할 것이다. 그렇지 않고 행동에 옮긴다면 회복 불가능한 상황이 벌어질 수 있다.

　모든 일은 서로 융합하는 일이 있는가 하면 서로 배타적인 관계가 있는 것도 있다.
　만약 배타적이라면 서로 파멸을 초래하게 된다. 사회적으로 벌어지는 현상도 마찬가지다.
　따라서 주위를 정확한 정보 없이 본인의 단순한 생각으로 행동하면 되돌릴 수 없는 심각한 피해를 줄 수도 있지 않을까!

05
능참봉 떡 훔치고 독배 앞에서 떠는 신세다.

엄동설한에 문풍지 떨 듯,
능참봉 떡 훔치고 독배 앞에서 떠는 신세다.

　능陵을 지키다가 재실에서 떡을 훔쳐먹어 관청으로부터 발각된다면 그 능참봉은 온전하지 못할 것이다.
　이런 사람들의 성향은 다른 사람의 안락함을 빼앗아 가는 것이다. 이러한 행위를 한 사람들은 심리적인 불안과 신뢰 상실을 겪게 된다.
　정직하고 진실한 행동이 평온한 사회를 구축할 수 있다. 순간의 욕구를 절제하지 못하거나 권력이나 힘을 이용하여 단순한 권위에 빠져 군림함으로써 나타나는 폐해를 비유한 말이다.

　추운 겨울에 문틈으로 들어오는 바람을 막기 위해 붙이는 종이를 문풍지라고 한다. 권력을 갖은 사람이 그 힘을 이용해서 사회가 용인할 수 없는 사욕을 취한다면, 그 결과는 냉혹한 상황으로 몰려 문풍지 떨 듯이 불안에 떨게 된다.

그 탐욕은 아무도 모를 것이라는 확신 속에서 행동하게 된다. 그러나 행동으로 옮기는 순간 자기의 마음에는 '불안'이 싹트기 시작하게 될 것이다.

이런 사람은 많이 가질수록 행복해질 것이라는 환상적 사고에 빠져있을 것이다.

공공성을 잃고 사적 욕구가 발생하는 것은 외관상 상징성에 초점을 맞추어 나타나는 사회적 공감력이 떨어진 사람으로서 공공의 장애물이다.

나의 자존감을 높이기 위해 탐욕을 어떻게 관리하는가! 주위 환경에 얼마만큼 공감하고 있는가!

삶의 질을 위해서 진정성을 갖고 살아가고 있나! 지금 지혜의 탐욕까지 잃어버리고 살고 있지 않은가!

06
꺾인 나뭇가지 흔적 감추기 어렵다.

뿌리 속 상처는 숨길 수 있어도, 꺾인가지 흔적은 감추기 어렵듯 마음의 상처는 참아도 드러난 흉터는 감추기 어렵다.

우리의 삶에서 보이는 것뿐만 아니라 보이지 않는 것도 돌봐야 한다. 즉 음과 양을 두루 살필 수 있는 지혜가 필요하다. 마음 속 상처를 무시하고, 밖으로 표출된 것만을 치유하는 것은 일시적 봉합이 될 수도 있다.

혹시 우리는 장기적인 것보다 단기적인 것에 연연하고, 중요의 경중보다는 현실적 고통에 초점을 맞추어 대응한다는 것을 은유한 말이다.

누구에게도 말할 수 없는 고통을 견디며 살아가는 경우가 많다. 그러함에도 불구하고 우리는 그런 아픔을 인내하며, 겉으론 아무렇지 않은 척 살아가곤 한다.

하지만 아주 작은 문제의 불편함을 쉽게 참기 어려워한다. 눈에 들어간 티끌 하나만으로도 큰 고통을 느끼는 현상은 우리 인간의 본성이다.

심리적인 사소한 갈등도 있지만, 사업에 크게 실패하거나 금전적인 큰 손실, 배신, 자존감, 패배, 부정적 경험 등으로서 되돌리기 어려운 환경에 처해 있어도 인내하고 참고 살아간다.
　그러나 내면의 상처를 아무리 숨기려 해도 시간의 문제이지 결국 외적으로 드러나기 마련이다. 따라서 감정을 억누르기보다는 치유하는 것이 중요하다.

　물론 재개하기 위하여 심기일전하여 마음을 다잡고 인내해야 한다.

07
하찮은 허수아비에 늑대는 혼비백산 한다.

하찮은 허수아비에 늑대가 혼비백산 하듯
사소한 일을 지나치게 두려워한다.

사물이나 상황에 대한 인식은 각자 바라보는 시각에 따라 다를 수 있다.

어떤 대상이나 상황에 대하여 그 자체가 누구에는 즐기는 요소로 작용하고, 누군가에게는 감당하기 어렵고 두려운 존재로 받아들일 수 있다.

이처럼 그 사건 또는 상황이나 사물을 바라보는 관점의 차이에 의해 나타나는 현상이다. 그러기에 그 자체에 대한 충분한 이해와 존중이 필요하다는 의미를 은유한 말이다.

우리는 허수아비를 그저 하찮은 존재로 여기지만 무적의 무리를 물리칠 수 있는 도구로 활용할 수 있다. 영악스럽고 감각이 발달한 늑대라 하더라도 그것을 경험하지 못했기에 위협으로 받아들인다.

서로 아는 사람들은 격의 없이 대하지만 낯선 관계에서는 상대의 외형적인 위압에 약자는 움츠리거나 회피한다. 사람들은 자기가 알고 있는 범위에서는 능동적으로 수렴한다. 그러나 생소한 일에는 호재로 생각하기보다 과도하게 부정적인 관점으로 본다.

　이와 같은 부정적 반응은 누군가에 의해 강요 내지 지배당한다는 생각이 앞서기 때문에 수용하지 못하고 회피한다. 이러한 성향은 심리적 장애로서 자기 선에서 머무르지 않고 전염병처럼 주위 문화에 침투되기도 한다.

　그러나 이와 같은 심리적 현상을 극복하기 위해서는 밖으로 깨고 나오는 심리적 모험 작용이 필요하다. 누구의 지배에서 벗어나 자신만이 추구하는 희망의 세상을 바라보며 살아가기를 원하고 있지 않은가!

08
석양에 고백하고 둥근달에 희망을 속삭인다.

석양 앞에 쓸쓸함을 고백하고,
뒤돌아 둥근 달을 보며 희망을 속삭인다.

　어떤 일이 종료되거나 이별 등에 따른 아쉬움과 슬픔으로 인해서 쓸쓸함을 느낀다. 이는 무엇인가를 끝내야 하는 상황에서의 미련과 후회가 섞여 있다.
　그러나 새로운 세상의 조화로움과 미래의 가능성을 꿈꾸고 있다. 즉 끝과 시작 사이에서의 갈등과 희망이 교차하는 순간이다.
　지난간 아쉬움과 슬픔, 실패, 패배 등 과거에 몰입되어 있기보다는 새로운 희망을 찾아가고자 하는 여망을 담고 있다는 의미를 은유한 말이다.
　시도했던 일이든 누구와 약속했던 일이든, 아니면 그 무엇인가를 이루고 싶었던 일이 뜻대로 이루지 못했을 때의 허무함을 극복하기 위해 또 다른 새로운 희망의 목적지를 찾아간다.

쓸쓸함은 시·공간적인 심리적 작용으로서 혼자 동떨어져 있다는 생각을 느낄 때 나타난다. 외로움과 고독을 사전적으로 구분하기는 모호하다.
그렇다고 해서 이것들이 인생을 피폐하게 이끄는 것만은 아니다. 어떻게 활용하느냐에 따라서 미지의 열정과 희망을 안겨주는 이상적인 도구가 될 것이다.

달빛 아래 고독히 서 있는 나의 그림자도 주체인 내가 어떻게 움직이느냐에 따라 모습이 바뀐다. 물론 내가 움직이지 않으면 그림자도 잠을 잔다.
달빛에 그려진 그림자는 자신의 행동에 의존하듯이 누구에게 의존적이거나 종속적인 상황에서 벗어나 간섭 또는 예속되지 않은 상황에서 훌륭한 희망을 발견하게 된다.

09
물은 빈 곳을 채우고 흘러내린다.

물은 반드시 빈 곳을 채우지 않고는 내려가지 않듯.
기반이 갖춰져야 일은 성사된다.

　우리는 일과 가정, 혹은 사회적 측면에서 어떻게 균형을 맞추며 발전해야 할지에 대하여 늘 생각하게 된다. 물은 항상 낮은 곳으로 흐르며, 비어 있는 공간을 채우면서 이동한다.
　이를 「수필만공처이류 水必滿空處而流」라 표현할 수 있다. 우리도 부족한 부분을 채우지 않으면 다음 단계로 발전하기는 어렵다. 따라서 지속적 성장을 위해 빈틈을 채우고, 변화에 적응하는 균형 있는 삶을 비유한 말이다.
　우리는 자율성과 독립을 추구한다. 그 안에서 균형과 조화를 이루며, 개인적 삶과 사회적 책임감으로 끊임없이 성장해 가기를 바란다. 삶에서 빈틈을 메우고, 더 나은 사람이 되기 위해 노력한다.

물은 항상 낮은 곳으로 흐르며, 빈 곳을 채우는 자연의 원리와 균형이다. 이는 우리에게 균형과 조화를 유지하는 것이 얼마나 중요한지를 상기시켜 준다.
　이처럼 사회 공동체의 일원으로서 자기의 역할에 책임을 다했을 때 건전한 사회가 구성된다.

　그뿐만 아니라 물이 낮은 곳으로 흐르기 위해 빈 곳을 채우는 것처럼, 자신의 성장과 발전을 위해 끊임없이 노력하여 부족한 부분을 채우고, 새로운 지식과 경험을 쌓아 나가는 과정이 필요한 것이다.
　이러한 과정은 때로는 어려울 수 있지만, 이는 성장을 위한 필수적인 과정이다.

자연이
삶에 맺힌
고통을 풀어주네

부드러운 생각이 맘을 사로잡는다.

6. 자연이 나의 맺힌 생각을 뚫어주네

01 바뀔 생각이 없는 건 선물을 포기하는 것이다.
02 자식이 출세할수록 거리는 멀어진다.
03 아부는 아이에게 희망의 보약이다.
04 나무는 가지를 뻗지만 스스로 치지는 못한다.
05 도덕이 융성하면 공동체가 후덕해진다.
06 연기 쐬고 코눈물 안 닦는 사람 없다.
07 흘러간 냇물도 머무는 곳이 고향이다.
08 하늘에 가깝다고 유독 밝은 것이 아니다.
09 구름이 태산 앞에 머뭇거리는 고비가 있다.
10 승냥이 생쥐 잡아먹겠다고 땅굴 판다.

01
바뀔 생각이 없는 건 선물을 포기하는 것이다.

창문을 닫는 것은 자연의 선물을 거부하는 것이며,
생각을 바꾸지 않는 것은
미래의 선물을 포기하는 것이다.

새로운 경험과 기회를 위해 열린 마음과 유연한 사고로 사회와 공존하고 자신을 성숙시켜 더 값지게 살아가길 바란다.

고정된 사고방식을 갖는다는 건 새로운 아이디어와 기회를 놓치는 결과를 초래하게 된다. 따라서 미래의 발전을 위해 새로운 정보와 상황에 적응하는 것은 필수적이다.

여기서 우리는 변화의 필요성과 미래의 지향성을 가져야 한다는 의미를 비유한 말이다.

태어나면서 가장 원초적으로 주어진 중요한 것은 행복할 권리이다. 창문을 닫는다는 것은 변화를 통하여 행복할 권리를 심리적으로 포기한다는 것과 같다. 이러한 작용은 행복해질 것이라는 희망이 상실되기 때문이다.

행복이라는 권리를 찾기 위해서는 건전한 의무가 뒤따라야 한다. 이 의무는 주어진 환경에 반항하지 않고 권리에 상응하여 순응하는 것이다.

즉, 창문을 닫는다는 건 주어진 환경에 반항하겠다는 뜻이다. 선물을 거부하겠다는 것은 환경으로부터 고립되어 행동하지 않겠다는 의미가 아니겠는가!

우리가 살아간다는 것은 과거가 아닌 현재의 시점을 기준으로 앞으로 다가오는 삶의 양태를 비유하는 말이다.

과거의 삶에서 벗어나기 위한 수단은 생각을 바꾸는 것이다. 생각이 바뀌면 새로운 환경이 눈에 들어오고, 이것이 바로 미래지향적 희망이라는 것이다.

이 아름다운 희망을 포기하는 것은 송두리째 삶을 포기하는 것과 같다.

02
자식이 출세할수록 거리는 멀어진다.

**자식이 출세할수록
부모와의 거리는 백리이고 며느리는 천리다.**

　자식의 성공과 독립이 부모와의 물리적, 정서적 거리감을 증가시킨다. 며느리와의 관계는 더욱 어렵고 멀어질 수 있다.
　이는 문화적 시대적 차이와 함께 전통적 가족 구조에서 오는 차이가 아니겠는가! 따라서 가족 간의 유대와 소통의 중요성을 상기하고 이를 유지하기 위한 노력이 절실하다는 의미를 비유한 말이다.

　이는 여러 가지 중요한 시사점을 담고 있다. 자식이 성장하고 독립하면서 자연스러운 거리감을 표현한 것이다. 현대사회에서 가족관계의 변화와 그로 인한 소연함을 반영하고 있다.
　이러한 현실 속에서도 상호 간의 이해와 소통을 통해 가족 간의 유대를 유지하고 강화하려는 노력이 필요하다.

집성촌을 이룬 농본사회에서는 볼 수 없는 현상이다. 그러나 글로벌 시대에 자식이 더 넓은 세상으로 나아가며 자신의 삶을 꾸려나가려는 과정에서 불가피하다. 부모는 자식의 성공을 기뻐하면서도 그로 인해 거리감을 느낀다.

자식은 결혼하면 그 가정에서의 역할과 책임이 커진다. 며느리의 경우 자신의 가족관계도 중요하지만, 역시 큰 부분을 차지하게 된다.
이에 따라 따르는 거리감은 가치관, 생활방식, 소통방식이 크게 다르기에 기인하는 현상이다.

03
아부는 아이에게 희망의 보약이다.

권력자를 향한 아부는 뱀독처럼 위험하지만,
아이에게는 희망의 보약이 될 수있다.

　같은 말이라도 듣는 상대에 따라 의미를 달리한다. 즉 아부가 될 수도 있고 칭찬이 될 수도 있을 뿐만 아니라 부정 또는 긍정의 표현으로 나타나기도 한다.
　권력자에게 하는 아부는 진정성이 떨어지고, 과장되거나 왜곡하여 표현하게 된다. 반면에 같은 말이라도 아이에게는 자존감을 높이고, 자신감을 키우며, 긍정적인 이미지를 형성하는 데 중요한 역할로서 말의 가치를 비유한 말이다.
　권력자에게 아부하는 것은 때로는 자신의 명예와 존엄을 위협받을 수 있다. 즉 이러한 행위는 자신의 진정한 의견이나 가치를 희생시켜 스스로 자존감을 감소시킬 수 있다.
　그리고 현실감각을 잃게 만들고, 잘못된 판단을 하도록 유도할 수 있다. 이는 조직이나 공동체에서 사람들 간의 신뢰를 무너뜨리는 부정적인 결과를 초래할 수 있는 위험성이 있다.

그러나 때로는 아부를 통해 권력자에게 접근하여 협력적인 관계를 유지하는 수단으로 활용한다.

아부를 통해 얻은 호의는 진정한 피드백을 얻기 어렵게 만들어 개인의 성장에 방해될 수 있다. 또한 그로 인해 얻은 성과는 진정한 능력보다 아부 덕분으로 평가되어 사회적으로 저평가를 받을 수 있다.

반면에 아이에게는 그 말이 칭찬과 격려가 되어 자존감과 자존심을 높이는 긍정적인 효과를 줄 수 있다. 따라서 우리는 아무런 부담을 갖지 않고 적극적으로 아이에게 아부하게 된다.

04
나무는 가지를 뻗지만 스스로 치지는 못한다.

나무는 가지를 뻗지만 스스로 치지 못하듯
더하는 것에는 노련하나 빼내는 데는 미숙하다.

　　우리는 미래지향적 삶을 살고 있다. 즉 물질적, 정신적인 성장을 위해서 더하는 삶을 살아가고 있다. 그 과정 중에 문제가 발생하거나 어려움이 닥치면 당황하게 된다. 즉 갑자기 어려운 시험 문제를 푸는 느낌이다.
　　방향을 찾아갈 때는 다양한 전략을 세우지만, 미래에 발생할 문제점 및 부정적 현상에 대한 해소 전략을 세우는 데는 서투르다. 따라서 전인적 자세로서 균형 잡힌 자기 인식이 필요하다.
　　삶에서 감정의 균형을 맞추는 법을 배워야 한다. 건전한 삶을 위해 더하는 것뿐만 아니라, 덜어내는 것에도 노력을 기울여야 한다.
　　고통, 역경, 슬픔 등을 이해하고 덜어내는 능력을 키우면, 평화롭고 만족스러운 삶을 살아갈 수 있다.
　　미래 지향적 삶을 추구하는 과정에서 많은 것들을 더해가며 성장한다. 지식, 경험, 관계, 그리고 물질적인 것들까지 끊임없이 더해가며 살아간다.

　물론 이러한 축적은 삶을 풍요롭게 만들고, 더 넓은 세상을 경험하게 한다.

　그러나 삶의 과정에서 자연스럽게 고통과 슬픔 등도 함께 뒤따라오게 된다. 고통과 패배 등을 해소하고 털어 버리는 건 쉽지 않다.

　이는 그 감정을 받아들이고, 이해하며, 궁극적으로 털어내는 과정이 필요하다는 것이다.

　이를 해소하기 위한 과정으로 자연과 함께하거나 사람의 명언 등을 교훈 삼아 털어내는 방법도 있다.

05
도덕이 융성하면 공동체가 후덕해진다.

규정이 강해지면 사회가 잔인해지고,
도덕이 융성하면 공동체가 후덕해진다.

     규정과 도덕의 균형을 잘 맞추어 더 나은 사회와 공동체를 만들어야 한다.
     규정은 모든 조직과 사회에서 질서를 유지하고, 공공성을 보장하며, 예측 가능한 환경을 조성하기 위해 절대적으로 필요하다.
     그러나 이 규정이 경직되면 도덕적 가치와 윤리적 판단할 여지를 닫아버리게 된다. 도덕과 윤리가 우선할 때 더 따뜻하고 인간적인 사회가 형성된다는 의미를 담고 있다.

     사회에서 법과 규칙이 중요한 역할을 하고 있다. 이는 질서를 유지하고 사람들 간의 충돌을 방지하며, 공동체의 안전을 보장한다.
     그러나 규정이 지나치게 경직해질 때 사회는 이에 얽매이게 된다. 사람은 규정의 테두리 안에서만 행동하려 하고, 창의성과 인간미가 사라진다. 서로를 감시하고 벌하는 사회로 변질될 위험이 있다.

　반면에 도덕은 인간 내면의 자발적 선함을 끌어낸다. 도덕이 융성한 사회는 타인을 배려함으로써 신뢰와 존중이 깊어진다.

　이러한 사회는 규칙보다 더 강한 유대를 형성하며, 자연스럽게 후덕한 공동체가 된다. 즉 규정의 두려움이 아닌, 도덕적 양심과 책임감을 통해 서로를 이해하고 돕게 된다.

　따라서 우리는 도덕적 가치를 확산시키는 방향을 지향해야 한다. 이는 인간의 본성을 자극하여, 더욱 따뜻하고 살기 좋은 풍토를 만든다.

　도덕적 성숙을 통해 후덕한 공동체를 이루어 가는 것이다.

06
연기 쐬고 코눈물 안 닦는 사람 없다.

살얼음판 건너며 떨지 않는 사람 없고,
연기 쏘이고 코눈물 안 닦는 사람 없다.

　　누구나 상대방의 감정을 느끼기 위해서는 그 사람의 고통에 공감할 때 더 잘 이해할 수 있다.
　　두려움이나 고통이 있을 때 나타나는 반응은 자연스러운 것이다. 이를 억지로 숨기려고 하기보다는 있는 그대로 표출하고, 상대는 그대로 받아들이는 것이 중요하다.
　　고통을 표출하는 모습이 우리의 본능적 반응인 것처럼 심리적 감정표현도 인정하고 받아들일 수 있음을 비유한 말이다.

　　우리는 스스로 극복하기 어려운 상황에서 불안한 감정을 느낀다. 즉 위험한 상황에서는 불안하고 조심스러워진다. 또한 자극적 환경에서도 특정한 반응을 보이게 된다.

　　그러나 필요에 따라서 살얼음판의 강을 건너기 위해서는 지혜가 필요하다. 즉 두려움을 느끼더라도 이를 극복하고 앞으로 나아가는 용기 또한 중요하다.

    그뿐만 아니라 외부로부터 다양한 어려움과 시련에 직면할 때 적절히 대처할 능력이 있어야 한다.

    우리는 외부에서 오는 어려움을 피하는 데는 한계가 있다. 그 상황에 적응하고 대처하는 방법을 찾는 것이다. 그 상황을 견디는 인내심은 중요한 요소 중 하나다. 이는 단순히 고통을 참는 것이 아니라, 그 고통을 통해 성장하고 지혜를 배우는 과정이다.

    고통이나 두려움을 통해 다시 일어설 수 있는 회복 탄력성은 삶의 중요한 기능이다. 이는 어려움을 겪고 긍정적인 태도로 나아갈 수 있게 한다.

07
흘러간 냇물도 머무는 곳이 고향이다.

한번 떠난 구름과 냇물은 되돌아 올 이유가 없다.
왜냐하면 머무는 곳이 고향이기 때문이다.

    구름과 냇물이 되돌아오지 않는 것처럼, 변화에 대해 받아들이고 수용하며, 살아간다. 머무는 곳이 고향이 되는 것처럼, 인연과 만남을 통해 인생의 여정을 이어간다.
    자연 현상의 변화와 흐름이 자연스러운 것처럼, 과거에 집착하지 않고 현재를 받아들이며 살아가는 지혜가 필요하다.
    따라서 새로운 직장, 새로운 업무, 새로운 사람 등 '새로운'은 끝과 시작점으로 성장의 중요성을 일깨워 준다는 의미를 비유한 말이다.
    과거에 집착하기보다는 현재의 순간을 소중히 여기고, 새로운 경험과 도전을 통해 성장해야 한다.
    현재 머무는 곳에서 최선을 다하고 새로운 고향으로 만들어야 한다.

변화의 불가피성이다. 구름과 냇물은 끊임없이 움직이며 변화한다. 우리는 끊임없이 새로운 경험을 하고, 새로운 장소와 상황에 적응해 간다.

구름이 머무는 곳, 냇물이 흐르는 곳이 고향이듯이 우리가 현재 머무는 곳이 고향이다. 즉 현재의 순간을 소중히 여기고, 이 순간을 충실히 살기 위해서는 지금 머무는 곳에서 행복과 만족을 찾을 수 있다.

한번 떠난 구름과 냇물이 되돌아오지 않는 것처럼, 우리도 과거로 돌아가는 것은 불가능하다.

우리는 새로운 여정을 통해 성장하고, 새로운 안식처를 만든다.

지금 머무는 곳에서 뿌리를 내리고, 그곳에서 의미 있는 삶을 살아가는 것이 중요하다.

08
하늘에 가깝다고 유독 밝은 것이 아니다.

하늘에 가깝다고 유독 밝은 것이 아니듯,
배움이 많다고 반드시 사회에 공헌하지 않는다.

사회에 기여하는 건 아는 것만으로는 부족하며, 그것을 실천으로 옮기는 행동의 산물이다. 많은 학문적 성취와 지식이 곧바로 사회적 기여로 이어지지 않는다.

지식을 어떤 도구로 사용하는지가 중요하다. 그 도구가 마음의 양식에 따라 흉기로 사용되어 사회를 혼란스럽게 만들을 수도 있다.

순기능적 역할을 위해서는 윤리적 지식관, 도덕적 책임, 겸손, 그리고 공동체에 대한 의식 등의 중요성을 비유한 말이다

학문적 지식과 실제 행동 사이의 괴리를 강조하는 말로서 많은 학문을 습득했다고 해서 반드시 지혜롭게 행동하는 것은 아니다.

우리는 경험과 도덕적 윤리를 통해 건강한 사회 구현에 앞장서며, 겸손한 자세로 끊임없이 성장해 나아가야 한다. 지식을 쌓는 것에 그치지 말고, 그 지식을 어떻게 활용하고 적용할지를 고민해야 한다.

다양성을 갖은 사회일수록 책에서 배운 지식만으로는 해결할 수 없는 문제들이 많다. 경험으로 배워가는 과정에서 우리는 진정한 지혜를 얻어간다.

배움이 많다고 해서 모든 걸 지혜롭게 처리하리라는 것은 오판이다. 진정한 지혜는 끊임없이 배우고, 다른 사람의 의견을 경청하며, 자신의 한계를 인정하고 겸손한 마음에서 나온다.

사회에 이바지하기 위해서는 윤리와 가치관이 정립되어야 한다. 책임감 또는 연대와 협력 등 여러 요소가 있겠지만, 가장 중요한 것은 도덕성이다. 사회적 신뢰를 얻기 위해서는 정직한 행동과 순수한 신뢰이다.

09
구름이 태산 앞에 머뭇거리는 고비가 있다.

**구름이 태산 앞에 머뭇거리듯,
인생길에도 피할 수 없는 고비가 있다.**

누구에게나 스스로 감당하기 어려운 상황은 존재한다. 구름조차 넘기 힘들 만큼 높고 험한 산이 있듯이 우리에게도 어렵고 힘든 상황이나 장애물이 존재할 수 있다.

이럴 때 자신의 능력이나 힘으로는 감당하기 어려워 주저하게 된다. 이러한 현상은 자연스러운 일이다. 누구나 이와 같은 힘든 상황을 겪을 수 있으며, 때로는 그 상황을 인정하고 대비하는 것이 중요함을 비유한 말이다.

산이 높으면 구름도 넘어가지 못하고 중턱에 머뭇거리다가 바람이 불거나 기압이 바뀌는 등 상황이 바뀌어야 넘어가게 된다.

등반하다 보면 험난한 지점이 반드시 존재한다. 물론 힘한 곳은 누구에게나 공평하게 주어진다.

또한 일하다 보면 문제에 봉착해서 그것을 해결하지 않으면 다음 단계로 가지 못하는 경우가 있다.

우리의 인내심을 테스트하듯 산 넘어 산인 경우를 자주 겪게 된다. 이러한 현상은 깔딱고개를 오를 수 있는 기본적 기량을 갖추고 있는 사람에게 주어지는 것이다.

　그런데 이것을 감당하지 못하고 불만으로 받아들인다면 그 일 자체를 포기하는 것과 다르지 않다. 이럴 때 구름이 산을 넘기 위해 바람을 찾듯이 누군가의 도움을 얻음으로써 극복할 수 있을 것이다.

　만약 이러한 환경이 닥쳤을 때 우리는 어떻게 극복하려는 묘책을 찾아갈 것인지의 문제를 풀어야 하지 않을까!

10
승냥이 생쥐 잡아먹겠다고 땅굴 판다.

승냥이 생쥐 잡아먹겠다고 땅굴 파듯
목적 없이 엉뚱한 곳에서 허둥댄다.

　늑대가 자그마한 생쥐 잡아먹겠다고 땅굴을 판다면 투자한 노동력에 비해 얻는 소득이 보잘것없이 적다. 사소한 것에 연연하여 집착한다면 큰 것을 잡지 기회를 놓친다.
　강한 존재가 자신의 능력에 비해 너무 하찮은 일에 애쓴다는 것은 비효율적 행동이다.
　자신의 역량에 걸맞은 목표를 설정하고 행동하는 것이 중요하다. 쉽고 간단히 해결할 수 있겠다고 생각하였으나 과정에 큰 노력을 소모하게 되고 결과는 미미한 것을 은유한 말이다.

　누구나 가성비가 높은 곳에 투자하기 위해 사전에 정보를 취득하기 위해서 공을 많이 들인다. "노느니 염불한다."라는 말을 흔히 한다.
　심심하거나 무료할 때 취미로 무슨 활동을 한들 문제가 되겠는가! 그러나 생존을 위한 행위로서는 자신의 그릇에 맞는 일을 해야 할 것이다.

　굴속에 있는 생쥐는 뱀이나 살쾡이가 잡아먹기에 적당할 것이다. 물론 자그마한 굴을 파는 건 생쥐가 늑대보다 소질이 탁월하다.
　그런데 자신의 재능보다는 혈기만으로 쉽게 생각하여 도전함으로써 소기의 목적 달성도 하지 못하고 시간과 에너지만 소비하게 된다.

　전후 사정을 고려하지 않은 채 눈앞에 보이는 일을 가볍게 생각하고 도전하는 것이 과연 바람직할까!
　사전에 충분한 전략을 갖고 역량에 맞추어 최대의 효과를 얻을 수 있는 일을 선택하고 있는가!
　지금 하는 일에 진력하면 최대의 만족을 얻을 수 있을까!

희망을
바람에 싣고
떠나리라

자유로운 발상이 자연의 속성을 안다.

3분, 인생을 바꾸다 **3 MIN** **7**
3min. change your life

희망을 바람에 싣고 떠나리라

01 별이 안보이는 건 분노와 질투 때문이다.

02 얼음덩이로 대못 박으려고 달려든다.

03 숱한 별빛도 달 하나를 이기지 못한다.

04 채반으로 소쿠리를 만들려고 달려든다.

05 해가 등대빛을 무색하게 지배한다.

06 과도하게 물을 끌어당기면 홍수가 난다.

07 창문으로 빛이 먼저 나를 훔쳐 본다.

08 저수지는 계곡을 탓하지 않는다.

09 생각을 정리해야 부정적인 생각의 틈이 없다.

01
별이 안보이는 건 분노와 질투 때문이다.

해가 져도 저녁별을 볼 수 없는 것은
반은 분노 때문이고, 반은 질투 때문이다.

    분노와 질투는 우리의 마음을 어둡게 만들어 아름다움을 보지 못하게 한다. 부정적 감정이 마음에 가득 채워져서 평온함을 느낄 여유를 잃게 된다. 즉 시야를 좁히고 소중한 것을 못 보게 만든다.
    자신의 역량을 갖추지 않고 마음만 앞서 질투나 분노가 먼저 생김으로서 자신의 정체성을 상실하게 된다.
    이로 인해 주위의 진실과 가치를 제대로 인식하지 못하고 놓치게 되는 것을 비유한 말이다.
    분노는 '자신의 욕구 실현이 저지당하거나 어떤 일을 강요당했을 때 저항하기 위해 생기는 부정적인 정서 상태'를 의미한다.
    이는 자신의 이익을 침해당하거나, 손해를 강요당하거나, 위협을 당하거나, 혹은 상대방의 언행이 못마땅하게 여겨지는 등 불합리하고 부당한 상황에서 생긴다.

그렇다면 질투 자체의 속성은 비교우위에서 비롯되며, 서열의 개념을 갖춘 집단 내에서는 필연적으로 따라온다. 이는 만악萬惡의 근원이기도 하다.
　자존감이 낮은 사람일수록 질투심이 더 심해지고, 정도를 넘어선 질투가 증오로 변하는 경우가 많다.
　인간이 가지는 감정 중에 가장 부정적인 것 중에 하나로 치부되기도 한다.

　일반적으로 가장 보편적인 질투는 소유욕이라고도 할 수 있다. 시기도 그저 가벼운 부러움 정도는 죄가 아니지만 그걸 이유로 상대를 증오하고, 그로 인하여 괴롭힘이 되는 순간 죄악이 된다.

02
얼음덩이로 대못 박으려고 달려든다.

얼음덩이로 대못 박으려고 달려드는 것은
물거품으로 바위를 깎으려는 격이다.

무리한 시도나 불가능한 일을 하려고 하다가 성공하지도 못하고 결국에는 큰 낭패를 보기도 한다. 얼음덩이가 외형적으로 아무리 단단해 보여도 못을 박기에는 불가능한 강도를 가지고 있다.

즉 상황에 맞지 않는 방법이나 도구를 사용한다는 건 어리석은 짓이다. 매사 주관적이고 추상적인 사고만 가지고 함부로 대응하거나 도전하지 말라는 뜻을 은유적으로 말한 것이다.

시행착오를 최소화하고 성공률을 높이기 위해서는 다양한 지식과 정보가 필요하다. 이는 성공을 위한 기반 전략을 수립하기 위한 것이다. 즉 구체적이고 측정 가능한 목표를 설정하고, 이에 따른 세부 계획과 전략이 필요하다. 즉 유연하게 계획을 세워 변화에 대응할 수 있어야 한다.

희망 속에서 깨어나지 못하고 비몽사몽인 사람들을 흔히 볼 수 있다. 즉 원대한 꿈을 꾸고 있다고 하면서 무엇인지 드러내지 못하고 허둥지둥하고 있다.
  이는 장래에 대한 계획이나 희망이 없는 상태에서 막연하게 시간만 허비하는 꼴이다.

  어떤 일을 구현하려면 목적물에 대한 목표를 명확히 하고, 성공할 수 있는 자신감이 있어야 한다.
  설정한 목표를 포기하지 않고, 인내심으로 결과물을 얻을 수 있는 것이다. 이러한 행위가 특별한 사람에게만 주어지는 것은 아니다.

03
숱한 별빛도 달 하나를 이기지 못한다.

밤 하늘에 헤아릴 수 없는 별빛도
달 하나만의 빛을 이기지 못한다.

단 하나의 달빛이 수많은 별보다 더 강렬하고 두드러지듯, 하나의 중요한 존재나 요소가 때로는 작은 다수의 요소보다 더 큰 영향을 미칠 수 있다.
즉 집중된 힘이나 명확한 목표가 큰 영향력을 발휘할 수 있다.
그뿐만 아니라 복잡함 속에서 단순함의 가치를 상기시키며, 단순하고 명확한 것이 더 효과적일 수 있다는 의미를 은유한 말이다

수많은 별이 빛을 발한다고 하더라도 어둠을 해결할 수 없고, 비로소 둥근 달 하나가 내는 빛은 그 모든 별을 압도한다.
따라서 아무리 잔재주가 많다고 해도 그중에 우월한 재주가 빛을 내야 성공의 시너지를 얻을 수 있다. 다만 빛의 기능으로 보면 수많은 별의 무리는 결코 달의 대체재가 될 수 없다.

별들은 영원한 달빛의 보완재이듯이 잔재주는 우울한 재능의 보완재로 활용된다. 별과 달의 조화로움 속에서 서로 역할을 함에 있어서 자신의 캐릭터를 무엇을 위해 어떻게 내세울 것인가에 대한 질문이다.

여러 방면의 재능을 박약하게 가지고 있는 사람도 있고, 특정 분야에 깊은 지식을 갖은 사람도 있다.
다방면의 재능중에서 가장 자신이 있는 그 어느 하나에 집중함으로써 얻는 결실이 크다는 것이다.
그 외의 재능들은 모두가 보완재로 활용됨으로써 다양한 일에 영향을 주게 된다.

04
채반으로 소쿠리를 만들려고 달려든다.

**채반으로 소쿠리 만들고,
용수로 채반을 만들려고 달려든다.**

    우리는 효율적이고 합리적인 것을 선택하여 행동한다. 채반으로 소쿠리를 만들고, 용수로 채반을 만든다는 건 혼란스럽고 비효율적이다. 물론 그 목표는 이루어지기 어렵기에 가지고 있는 역량과 시간을 허비하는 행위다.
    이러한 시도는 문제를 풀기 위한 잘못된 접근방식으로 자신의 무모한 행위의 아집을 보여주는 우스꽝스러운 짓을 비유한 말이다.

    현실적으로 이치에 맞지 않는 사실임에도 불구하고 추상적인 고집만 내세우고 남의 말을 듣지 않는다면 어리석은 행위다. 모든 일에는 관념적 이론이 있어야 한다.

    쟁반형 채반과 기둥형의 용수는 구조적으로 다르다. 기둥 형태의 용수를 힘으로 늘려서 채반을 만든다는 건 일반적으로 성립되지 않는 이론으로써 이와 같은 생각을 가지고 행동하는 건 무모한 짓이다.

주장은 사람과의 관계에서 상대방의 권리를 침해하거나 감정을 상하지 않게 인격을 존중하면서 자신의 심리적 감정, 욕구, 생각의 상태나 의도를 솔직하고 분명하게 직접 전달하는 유일한 도구이다.

그런데 고집이 센 사람들은 일반적으로 자신이 남보다 우월해지기를 갈망한다. 그리고 자신의 실수를 인정하고 하지 않는다.

이들의 마음에는 자신이 결정한 의견에 합당한 근거만 보이는 인지 편향이거나 잘못된 의견을 더욱 확신하는 확증 편향적인 사고에 갇혀있는 사람들이다.

05
해가 등대빛을 무색하게 지배한다.

해가 등대빛을 무색하게 하듯이
권력자는 약자를 지배하려 한다.

　　부유하거나 권력을 가진 사람은 힘없는 사람을 압도하고 지배하려는 경향이 있다. 그래서 없는 자는 상대적으로 무력감을 느낄 수 있으며, 목소리와 권리가 묵살되기 쉽다.
　　이로써 사회적 불평등과 권력의 남용에 대한 두려움을 갖는다. 우리는 이러한 불균형을 인식하고, 더 공정하고 평등한 사회를 추구하고 있다.
　　권력과 부의 불균형이 어떤 사회적 구조를 형성하고, 이로 인해 발생하는 현상의 의미를 비유한 말이다.

　　해와 등대는 상호 대체 관계로서 밤에는 등댓불이, 낮에는 해가 충실히 역할을 다한다. 다만 등댓불은 해가 뜨면 역할을 다하게 된다. 즉 상호 관계가 조화롭게 이루어져 있는 것이다. 세상에도 부족한 사람이 있어야 가진 사람이 돋보이게 된다.

그런데 무엇인가 가졌다고 생각하는 순간 없는 사람을 물리적으로 지배하거나 무시하려는 경향이 있다. 세상에는 일등만 성공하여 살아남는다는 말이 통설처럼 굳어있다. 그리고 슬프게 1%가 사회를 끌고 가는 구조라고 호도한다.

그러나 이 말은 지배라는 관점에서 보면 그럴싸하나 삶의 의식과는 거리가 멀다.
인간은 반복적인 일을 싫어하고, 누구의 지배에서 벗어나 자기만이 추구하는 희망의 세상을 바라보며 살아가기를 원한다.
자기 자신에 대한 의식이나 관념, 즉 자아를 형성해 가는 사춘기를 되돌아보면 알 수 있다.

06
과도하게 물을 끌어당기면 홍수가 난다.

골짜기가 과도하게 물을 끌어당기면 길을 잃듯
분별없이 욕망을 품으면 방향을 잃는다.

　산골짜기는 사태가 일어날 지경이라도 몰려드는 물을 받아들일 수밖에 없어서 범람이나 홍수가 발생하여 피해를 초래한다. 사람이 과도한 욕망을 품으면 그 욕망에 휩싸여 문제를 일으킬 수 있다. 욕망을 적절히 통제하지 않으면 인생에서 혼란과 어려움을 겪게 된다.
　따라서 욕망을 이성적으로 관리할 줄 알아야 한다. 그렇지 않으면 방향을 잃고 잘못된 길로 빠져들기 쉽다는 의미를 비유한 말이다.

　수용할 수 없는 일에 과잉의 욕심을 부리면 사태가 일어날 수밖에 없다. 분별력과 절제를 통해 균형 잡힌 삶을 살아갈 때 가장 안정감 있는 행복을 느낀다. 무분별하게 과도한 욕망으로 행동하다 보면 회복하기 불가능한 반사회적 환경으로 빨려 들어갈 수 있다.

그 예로 의사라는 라이선스는 법적 보호 아래 스페셜로서 사회적 책임을 부여하고 있다. 만약 인류의 존귀한 생명을 향한 열정과 의술에 대한 욕망보다 본인의 욕구 충족을 위한 돈 버는 도구로만 사용된다면 법적 보호를 받는 길을 잃게 된다.

인간의 기본적인 다양성 안에서 자유를 찾아 사회의 일원으로서 소외되지 않고 융화되어 공존하는 삶 속에서 기생이 아닌 공헌하는 길을 생각해 본다.
이에 대한 정체를 찾지 못한다는 것은 삶의 길을 잃는다는 것과 같다.
따라서 목표와 가치를 잃고, 불필요한 욕망에 사로잡혀서 진정한 행복과 만족을 찾지 못하게 된다.

07
창문으로 빛이 먼저 나를 훔쳐 본다.

밖을 보기 위해 창을 만들었는데
빛이 먼저 나를 훔쳐 본다.

우리의 의도와는 다르게 결과가 나타날 수 있다. 즉 계획하지 않은 방향으로 상황이 전개되어 엉뚱한 결과가 나타날 수도 있다.
밖에서 빛이 들어와 자신을 비추는 건 깨달음과 인식을 상징한다.
창을 통해 들어오는 빛은 새로운 시각과 이해를 통해 세상을 바라보는 과정에서 새로운 통찰과 깨달음을 얻을 수 있음을 비유한 말이다.

자연의 이치를 이해하려는 노력이 결국 우리 자신을 더 깊이 이해하고, 성장하게 만드는 중요한 과정임을 상기시켜 준다. 항상 열린 마음으로 세상을 바라보고, 그로부터 배우며 성장한다.

창을 통해 밖을 보려는 시도는 외부 세계에 대한 호기심과 학습을 의미한다. 그러나 그 과정에서 우리는 외부 세계로부터 영향을 받고 새로운 시각과 생각을 얻게 된다. 이는 우리가 단순히 세상을 바라보는 것만이 아니라 세상과 상호작용을 하며 성장하고 변화한다는 것이다.

빛이 먼저 나를 훔쳐본다는 것은 외부의 정보나 경험이 밀물처럼 들어와 우리에게 영향을 미쳐 내면을 밝혀주는 순간을 상징한다.
외부를 관찰하면서 새로운 정보를 얻고, 그것이 새로운 통찰과 깨달음을 제공할 수 있다. 창을 통해 밖을 보는 행위는 의도적으로 지식을 추구하는 것이다.

08
저수지는 계곡을 탓하지 않는다.

초목은 하늘을, 저수지는 계곡을 탓할지언정
사람이 환경을 탓해서 뭐하랴.

　　초목은 자연의 영향을 받아 성장한다. 때로는 비가 부족하여 고통을 겪을 수도 있다. 그러나 원망하지 않고 그 상황에 맞춰 강인하게 자란다. 또한, 저수지는 계곡에서 흘러내린 물이 모이지만, 가뭄이나 홍수로 인해 어려움을 겪을 수 있다.
　　우리도 때에 따라서는 외부 환경에 의한 영향도 받는다. 그러나 중요한 것은 스스로 판단하는 의식에 따라 새로운 방향이 결정된다는 것을 비유한 말이다.
　　자신의 노력과 긍정적인 태도에 의해 어려운 환경을 극복하여 더 나은 미래를 만들어 갈 수 있다.
　　때로는 자신의 의지를 상실하여 처한 환경을 원망할지 모르지만, 이는 극복해야 할 의무를 갖고 있다. 즉 변화시킬 수 있는 의지와 능력을 갖추어야 한다.

초목이 하늘을 원망해도 하늘은 변하지 않듯이, 우리가 주위 생활환경을 원망해도 쉽게 바뀌지 않는다.

그러나 우리는 주위 환경을 변화시키거나 극복할 주체이다. 사람은 환경을 탓하기보다 선택을 통해 상황을 극복하거나 개선할 수 있는 능력을 갖추고 있다. 환경을 탓하는 부정적 태도는 우리를 더 나가지 못하게 하고, 스스로 성장을 가로막는다.

자연의 질서를 통해 자신의 태도를 성찰하며, 긍정적인 사고와 책임감이 필요하다.

외부 영향을 받기보다는 극복할 수 있는 것에 집중하고, 스스로의 힘으로 나아가는 것이 중요하다.

09
생각을 정리해야 부정적인 생각의 틈이 없다.

집은 살아야 흉한 벌레가 꼬이지 않듯이
생각을 가다듬을 때
부정적인 생각이 끼어들지 않는다.

    삶에서 과거의 부정적 생각이 쌓이면 미래에 대한 진로 방향을 잃어버리게 된다. 즉 앞으로 벌어지는 모든 일에 대한 불안감을 연상시키기 때문이다.
    그러나 우리가 가려는 길이 항상 불안전한 것만은 아니다. 그 속에서 학습과 연속적 경험을 통해서 다져지게 된다. 이를 통해 더 건강하고 안전한 생활환경을 유지할 수 있음을 비유한 말이다.
    우리는 행복을 추구하는 권리만 있는 것이 아니라, 적극적으로 행동하고, 관리를 소홀히 하지 말아야 할 의무가 있다.
    꾸준히 노력하고, 활력을 유지하며, 미래에 닥칠 상황 관리를 위한 예방에 힘써야 한다. 또한 발생한 작은 문제일지라도 지속적 관리가 필요하다.

길은 사람이 자주 걸어 다녀야 잡초가 자라지 못하듯이 꾸준히 관리하고 노력하지 않으면 문제가 생기기 마련이다. 삶의 일상, 목표, 관계 등 모두 지속적인 관심과 노력이 필요하다.
　따라서 새로운 도전과 활동으로 자신의 삶에 활력을 불어넣어야 한다.

　예방이 중요하다. 잡초나 벌레와 같은 문제들은 초기 단계에서 예방하는 것이 가장 효율성이 좋다. 이는 작은 문제들이 쌓이면 큰 문제로 발전하기에 조기에 발견하고 해결하는 습관을 길러야 한다.

삼라만상이
나의 열정을
요동치게 하네

몸부림치는 자에게 희망이 보인다.

3분, 인생을 바꾸다 3min. change your life

8

삼라만상이 열정으로 말하네

01 물이 고이게 되면 물고기는 산다.
02 여우 닭 물겠다고 망보듯 한다.
03 남이 책볼 때 곁눈질이라도 해라.
04 하늘 없는 새가 날개짓하듯 한다.
05 받은 것조차 되돌릴 줄 모른다.
06 능선 빗물도 좌우로 나뉘어 흐른다.
07 많이 배워도 바른 길을 모른다.
08 밥그릇 크다고 다 채울 수 없다.
09 바람은 사람의 행동을 바꿀 수 있다.
10 문제의 발단은 자랑에서 부터 시작된다.

01
물이 고이게 되면 물고기는 산다.

웅덩이에 물이 고이게 되면 굳이 공들이지 않아도
물고기는 자연스럽게 서식한다.

    지나친 노력은 오히려 일이 방해될 수도 있다. 억지로 애쓰거나 조급해할 필요 없이 상황이 성숙 되기를 기다리면 좋은 결과를 얻을 수 있다.
    또 다른 의미는 자연의 변화된 환경 속에서도 생명의 강인함을 알 수 있듯이 우리 인류는 어려운 상황에서도 적응하고 생존할 수 있는 저력이 있음을 알 수 있다는 의미를 은유한 말이다.
    우리 인간의 생존 근원이 되는 기반이 형성되면 그 안에서 질서에 따라 삶의 질을 향상시킨다. 즉 다양한 활동을 통하여 얻은 산물을 영위하면서 살아간다.
    그 기반 위에 얻은 산물 즉 산업 발전에 의한 사회적 생활 문명으로서 그 문명은 누구에게나 평등하게 공유된다.
    다만 그 문명에 대한 만족도는 어떻게 향유하고 있는지와 각자의 욕구 성향에 따라 다양하게 느껴질 것이다.

물고기가 서식하기 위해서는 적합한 환경이 구축되어 있는 곳을 찾는다. 그러나 우리는 이미 형성된 문명을 단순히 찾아가는 것이 아니다.
　그 사회환경은 우리가 살아가는데 지속 가능한 기반을 형성시키는 것이다.
　즉 공존의 사회구조에서 다양한 측면의 건전한 사회환경을 함께 구축해 가는 것이다.

02
여우 닭 물겠다고 망보듯 한다.

살쾡이 참새 잡겠다고 날뛰고,
여우는 닭을 물겠다고 망보듯
작은 것에 집착하여 기회를 엿본다

실력이나 능력에 맞지 않는 일을 하는 것만큼 어리석은 짓은 없다. 즉 자신의 능력이나 역할을 벗어난 욕심을 부리면 실패하거나 부정적 결과를 초래할 수 있다.

살쾡이나 여우 모두 본연의 습성이나 능력을 넘어선 행동들로 결국 욕심에서 비롯된 것이다.

자기의 분수와 역량을 망각하고, 주위를 참견하여 주도적 역할을 하겠다고 설치다가 실속 없는 비현실적인 행동을 은유적으로 한 말이다.

자신의 분수 즉 역량을 모르고 함부로 덤벼든다는 것이야말로 무모한 행동이다. 날아다니는 참새를 기어다니는 살쾡이가 어떻게 잡아먹을 수 있겠는가! 몸집이 작은 참새쯤이야 라는 생각에 얕잡아 보고 덤벼들 것이다. 또는 여우가 닭장에 있는 닭을 잡아먹을 수 있겠는가!

세상사에는 자기에게 주어진 영역이 있고, 그 영역에서의 삶에 있어서 결코 욕심만으로 현실이 작용하는 것은 아니다.
　자칫 세상을 힘의 논리로 바라보고 행동하거나 보이는 대로 지배하려고 하면 아주 비합리적인 사회적 구조로 빠져들게 된다.

　또한, 지나친 가식이 있거나 과도한 행위를 하면 주위를 불안하게 하고, 결국 자신은 중심을 잃어 추락할 수 있다.
　그 무엇으로 세상에 아름다운 울림을 줄 수 있을까! 어떤 커리어를 쌓기 위해 주어진 시간과 공간을 어떻게 활용할 것인가!

03
남이 책볼 때 곁눈질이라도 해라.

처마 끝 비 오기만 기다리듯 자리에 기대지 말고
남이 책 볼 때 곁눈질이라도 해라.

    미래를 꿈꾸고 있는 사람은 생리적 욕구에 따라서 육체적, 정신적 행복을 위한 의식주를 찾아서 능동적인 행동을 한다.
    우리는 발전지향적 사고를 가지고 소극적으로 상황을 기다리지 말고 늘 적극적으로 탐구하고자 하는 태도가 필요하다. 즉 스스로 개척하고 구하기보다 주위의 환경이 바뀌어 자신의 욕구가 충족되는 요행을 바라면 발전하지 못한다는 의미를 비유한 말이다.
    경쟁 사회에서 사람은 어느 한곳에 의존하여 낙수효과에만 기대지 말고, 새로운 그 무엇을 거침없이 적극적으로 찾아가야 한다.
    처마는 지붕의 끝단에서 빗방울을 모으는 피동적 기능을 갖은 부속물로서 역할의 한계가 있다. 그러나 사회를 구성하는 우리는 가지고 있는 재능과 기량들이 융합되어 순기능을 발휘하게 된다.

따라서 자신의 강점과 약점을 찾아 흥미와 열정을 탐구하여 균형 있게 발전해 가야 한다. 하루가 다르게 진화하는 급변 사회에 살고 있다.

언제 경쟁자로부터 추월당할지 모르는 환경에서 주저하거나 안주할 시간적 여유를 누릴 수 있을 만큼 녹녹하지 않다.

끊임없이 스스로 채찍질하고 변화를 주도한다고 하더라도 성공을 담보할 수 없다. 어느 곳을 바라보고 있는지! 책임질 수 있는 무기는 과연 어떤 것인가! 미래를 위해 준비하고 있는지!

04
하늘 없는 새가 날개짓하듯 한다.

하늘 없는 새가 날개짓하듯,
길을 잃으면 앞 사람 발꿈치라도 챙겨봐라.

난제가 오롯이 나에게만 닥쳐오는 것은 아니다. 이미 누군가는 겪었던 일일 것이다. 그들이 겪은 경험을 잘 활용할 수 있는 지혜가 필요하다. 어렵다고 쉽게 포기하지 말고 그럴수록 도움이 될 수 있는 힌트를 주변에서 부지런히 찾아라.

때로는 작은 단서나 힌트가 도움이 되기 때문에, 주변 사람들의 조언이나 행동을 유심히 살펴보고 배워야 한다는 의미를 비유한 말이다.

모든 상황은 예측하지 못한 곳에서 벌어지거나 의도한 대로 일이 처리되지 않으면 당황하여 우왕좌왕하게 된다. 일에 문제가 발생하거나 의사 결정에 분란이 일어나면, 해결하거나 해소할 수 있는 방향을 찾기 위해서 경험자를 찾아 조언과 충고를 통해 해결하기도 한다.

무엇을 알아간다는 것은 문제해결 방법을 찾아가기 위한 기초 양식을 배양하는 것이다. 그 기초적 양식은 누군가가 정립한 이론과 설說을 통해 얻게 된다. 물론 습득에 있어서 재능과 기질에 따라서 질과 양의 차이가 난다. 재능은 특정한 분야에서 뛰어난 능력을 의미하지만, 기질은 태도나 행동을 의미한다.

　누구나 겪어 보았겠지만, 이론적인 방법으로만 해결하려고 하면 한계점이 생긴다. 그래서 정립된 이론을 바탕으로 객관적 대상에 대한 감각이나 지각 작용을 통해 해결한다.
　남의 경험에 의한 정립된 해법을 찾아가고 싶은 생각이 간절하지 않을까!

05
받은 것조차 되돌릴 줄 모른다.

선생 위에 스승을 모르고
물 한 모금 얻고도 샘물을 막는다.

　　모든 유·무형에는 가치가 있다. 그것을 받아 쓰고 갚지 않는다는 것은 그에 대한 소중함과 가치를 인식하지 못하기 때문일 것이다.
　　예로서 우리는 부모의 고유한 달란트를 가지고 태어났다. 그리고 그 달란트는 누군가의 조력을 받아 성장하게 된다. 그러나 자신이 잘나서 성공했다고 생각하고, 부모, 스승, 주위 조력자로부터 받는 것을 당연하게 생각한다. 이에 보답하는 것을 망각하는 것에 비유한 말이다.
　　당신만큼 훌륭한 달란트와 개성을 가지고 있는 사람이 없다. 생물학적 DNA가 다르고, 사회적 경험과 감정 그리고 생각이 유일하기 때문만은 아니다.
　　그 끼는 부모로부터 받았을 것이고 그를 세상 밖으로 표출시키기까지는 누군가의 조력이 있었을 것이다. 당신이 유일한 이유는 강인한 생리적 욕구와 심리적 창의 속에 남다른 희망이 가슴에서 솟고 있는 유일한 끼를 누군가가 다듬고 후원해 준 스승이 있을 것이다.

 따라서 그 누구 못지않게 미래를 움켜쥐고 빛낼 수 있는 기량을 갖추고 있기에 행복한 세상을 일구어가며 살아갈 자격을 충분히 갖추었다.
 그러나 그 뒤에는 누가 있었기에 가능했겠는가! 주위에 스쳐간 조력자들이 무수히 많을 것이다. 질책을 위해 쓴소리 한 사람, 위로해 준 사람 등~

 스스로 없다고 적극적으로 부정하는 건 아닌가! 왜 찾지 못하고 주저하고 있는가!

06
능선 빗물도 좌우로 나뉘어 흐른다.

능선에서 갈라지는 빗물처럼
선택의 순간엔 방향이 달라진다.

만물은 상황이나 조건에 따라 다르게 반응하고 작용한다. 빗물은 지형에 따라 갈라져 흐르고, 나뭇가지는 외부의 바람의 힘에 따라 한 방향으로 휘몰린다.

사람도 각기 다른 주어진 상황과 외부 환경에 따라 어느 하나를 선택하여 행동하게 된다.

따라서 환경과 상황에 따라 다르게 움직이는 만물의 모습과 같이 어느 방향을 선택했느냐에 따라 다양한 결과를 얻는 의미를 은유한 말이다.

삶에는 다양성과 유연성의 균형이 중요하다. 각자의 개성을 가지고 자신의 길을 가는 동시에, 상황에 맞추어 유연하게 적응하는 능력을 길러야 한다. 헛발을 디디지 않기 위해서다.

능선에 떨어진 빗물은 좌우로 나뉘어 흐르듯이 각자의 개성과 방향을 갖고 살아가는 관념 안에서 자신의 정체성에 따라 방향을 찾아간다.

이처럼 우리는 사람마다 다른 생각 속에서 지향하는 목표를 가지고 있다. 따라서 각자의 고유한 길을 따라감으로써 다양성을 갖춘 공동체가 구성되어 더욱 풍요롭고 균형 있는 사회를 만들어가게 된다.

나뭇가지는 바람이 부는 방향에 따라 흔들리며 상황에 맞게 적응한다. 우리도 때로는 외부의 상황과 환경에 맞춰 자신을 조절하고, 순응해야 할 때가 있다.

상황에 따라 자신의 고유한 방향을 유지하면서 유연하게 변화하는 능력을 갖추는 것이 중요하다.

07
많이 배워도 바른 길을 모른다.

강의 넓이 보다 흐르는 방향이 중요하듯,
짐의 양보다 항해의 방향이 중요하다.

　현재 자신이 가지고 있는 기량이나 성취보다도, 길을 잃지 않고 목표를 향해 제대로 가고 있는지가 더 중요하다. 즉 지금까지 쌓아온 것들보다도, 현재 어디에 서 있는지가 중요하다. 이를 위해 위치를 점검하고 목표에 얼마나 가까워졌는지를 확인해야 한다.
　수시로 가지고 있는 자원 즉 역량을 얼마나 효율적으로 활용하고 있는지, 그리고 남아 있는 목표를 향해 얼마나 잘 추진하고 있는가에 대한 의미를 담고 있다는 의미를 은유한 말이다.
　삶은 정체성을 찾아 미래를 향한 여정으로써 어려움을 극복해 가는 과정이다. 많은 걸 알고 있는 것도 중요하지만, 그것을 어떻게 활용할 것인가가 더 중요하다는 것이다.
　지금 얼마나 많은 것을 알고 있는지보다 알고 있는 걸 어떻게 활용할 것인가가 더 중요하다는 것을 비유한 말이다.

급변하는 사회에서는 다양한 직업들이 불규칙적으로 라이프 사이클을 나타내고 있다. 이와 같은 현상은 사회환경 변화에 따라 현재의 고난과 역경을 극복하고 미래를 꿈꾸는 시작이다.

사람이 살아가면서 다양한 모습의 역경과 고난을 만나게 된다. 그것을 희망으로 바꾸기 위해서는 늘 자신의 위치를 확인해야 한다.

그렇다면 희망을 향해서 구체적으로 어디에 어떻게 기량을 쏟아야 할까! 과연 항해의 초심은 무엇이었나!

08
밥그릇 크다고 다 채울 수 없다.

큰 나무라 해도 모든 빗물 다 머금을 수 없듯
밥그릇 크다고 다 채울 수는 없다.

　아무리 능력이 커 보이는 사물일지라도 한계가 있다. 역시 사람도 마찬가지다. 자신이나 다른 사람의 한계를 인식하고, 과도한 기대는 금물이다. 오만이나 과장된 능력은 경계의 대상으로 현실적 평가가 중요하다.
　과도하게 자신의 능력이나 자원을 과신함으로써 오히려 문제를 일으킬 수 있다. 따라서 겉모습이나 외형에만 의존하지 말고 현실을 정확하게 인식하고, 과도한 자신감보다는 현실적 평가와 겸손해야 한다는 의미를 은유한 말이다.
　힘은 자랑하는 것이 아니라 관리의 대상이다. 자신이 힘을 가지고 있다고 해서 모든 걸 얕잡아 보고 지배하기 위해 함부로 덤벼들지 말아야 한다.
　물론 역량이 없는데 욕구만으로는 모든 것을 쟁취할 수는 없다. 그뿐만 아니라 경솔하게 함부로 도전하면 하던 일까지 낭패를 볼 수 있다.

누구나 칠색으로 구성된 무지개를 보고 싶어 한다. 그러나 구체적으로 칠색 중에서 가장 좋아하는 색은 무엇이냐고 물으면 선뜻 대답을 못하고 머뭇거린다.

	왜 대답을 못할까! 칠색이 조합을 이루고 있을 때의 아름다움만을 느껴보았기 때문이다.

	특정한 하나의 색으로 이루어진 무지개는 단 한 번도 보지도 못했고, 만약 그렇게 이루어졌을 때를 상상해 보지 못했기 때문이다.

	그러나 만약 이와 같은 현상이 현실로 나타난다면 어떤 감성적인 표현을 할까!

09
바람은 사람의 행동을 바꿀 수 있다.

바람은 사람의 행동을 바꿀 수 있으나
사람은 바람결마저 바꿀 수 없다.

    자연의 위력 앞에서는 인간이 얼마나 작은 존재인가를 알게 된다. 자연 즉 기후, 지형 등의 현상은 우리 인간의 생활방식, 생존전략, 경제활동 등을 변화시킨다는 건 지극히 상식적이다.
    바람과 같은 자연의 위력을 통제하거나 변경할 수 없다. 자연의 힘 앞에서는 한계를 느낀다. 이를 인식하고 자연 앞에서 순응하는 겸손한 태도가 중요하다.
    자연에 순응하며 지혜를 찾아야지 자연을 지배하려고 하면 재앙을 좇는다는 의미를 비유한 말이다.
    우리는 상식 밖의 행동을 취할 때가 있다. 자연은 우리의 행동과 태도에 큰 영향을 미친다. 자연의 변화에 적응하는 노력을 할 뿐 지배를 위한 어떠한 행위도 용납하지 않는다.

인간은 자연의 힘 앞에서 무력한 존재인지라 지속 가능한 균형 있는 방식으로 자연과 공존하려는 태도가 필요하다. 인간이 만든 것이라면 그 무엇도 인간의 힘으로 파괴할 수 있다. 아무리 야무지게 만든 전쟁물자라도 인간의 힘으로써 관리가 가능한 것이다.

그러나 자연은 인간이 만든 게 아니라서 순리에 따라 적응하며 살아야 한다. 즉 자연이 준 대로 그에 맞추어 행동할 수밖에 없다.
우리가 자연을, 생태계를 바꾼다는 건 빌린 삽을 주인 허락 없이 용도 변경해서 보석으로 개조해서 쓰겠다는 허영심과 같다.
이처럼 바꾸려고 시도하는 순간 엄청난 대가를 지불해야 한다. 세상을 욕심대로 바라보면서 살 수 없는가! 도를 넘는 욕심을 부리면 어떤 현상이 벌어질까!

10
문제의 발단은 자랑에서부터 시작된다.

메기 주둥이 자랑하다가 낚이고,
권력자 힘자랑하다 함정에 빠지며,
부자 돈 자랑하다 허망해진다.

　　자랑과 과시는 자신에게 위험과 인과관계에 있어서 부정적인 결과를 가져다주는 경우가 있다.
　　분수를 지키지 않고 장점만을 과도하게 과시하면 오히려 자신을 곤경에 빠뜨릴 수 있다.
　　즉 권력자나 부자가 자신의 힘과 권위를 남용하거나 자랑하다가 파멸에 이를 수 있음을 비유한 말이다.
　　자만과 과시에는 결국 파멸을 초래할 수 있다는 교훈을 주고 있다. 우리는 겸손을 유지하고, 권력과 부를 신중하고 책임감 있게 사용해야 한다. 이러한 태도는 개인의 안전과 성공을 지키는 것이 중요하다 자신의 능력이나 자산을 과시하다가 예상치 못한 위험에 처할 수 있다. 겸손은 사람들에게 호감을 주고, 오만함을 피하는 데 중요한 덕목이다.
　권력자는 자신의 힘을 자랑하면서 자신은 무적이라고 생각할 수 있다. 그러나 역사적으로 권력을 남용하거나 과시한 사람들은 결국 몰락했다. 과시는 책임과 함께 사용되어야 한다. 지속적인 과시는 진정성을 의심하게 만들어 상호 신뢰 관계가 약해질 수 있다.

　과시를 통해 자존감을 높이려는 시도가 오히려 불안과 스트레스를 초래한다. 그리고 내면의 공허함을 채우지 못하고, 지속적인 불만족과 불행을 초래할 수 있다.

피할 수 없는 진리

자연 속에 마주한 현실과 진실들을 찾자.

여우는 허수아비를 귀신보다 더 무서워한다.

아무리 교활하고 약삭빠른 여우라 하더라도 보이는 대로 판단하고 행동한다. 잘못된 정보나 상상에 의해서 생긴 두려움이 실제 위험보다 더 클 수 있다, 이는 사람들이 실로 존재하지 않는 것에 대해 과도한 두려움을 가질 수 있음을 경고한다. 우리가 상상 속에서 만들어 낸 두려움이 실제 위험보다 더 크게 느낄 수 있다.

고양이는 목줄에 매여있고, 쥐새끼는 쥐구멍에 있을 때 번잡하지 않다.

고양이와 쥐가 한 울안에 있다면 약육강식에 따라 고양이는 쥐를 잡아먹으려고 휘젓고 다닐 것이고, 쥐는 안 잡히려고 구석을 헤매고 다님으로써 난장판이 될 것이다. 각자가 자신의 자리를 지키고 본분을 다할 때 사회나 조직은 혼란이 발생하지 않고 평화로운 상태가 유지될 수 있다.

강아지 발꿈치로 구들장 두드리듯 한다.

강아지가 구들장을 두드리는 모습은 매우 서툴고 효과적이지 않은 모습으로 어떤 일을 제대로 하지도 못하고 어설프게 하는 상황을 비유적으로 한 말이다.

죽어서 버섯 안 피는 나무는 없다.

모든 생명체가 죽음을 맞이하면 결국 자연으로 돌아간다. 죽어서 버섯이 핀다는 건 새로운 생명의 기회가 된다. 그 나무가 있기에 버섯이 자라는 것처럼, 삶의 끝이 결코 무의미한 것이 아니다. 삶은 무상하지만, 잔재의 기운을 받아 자연의 순리에 의한 순환 따라 유구히 존재하고 그를 활용하면서 인간은 살아간다는 뜻을 비유한 말이다.

깔딱고개는 다람쥐도 버거워 한다.

　다람쥐처럼 민첩하고 빠른 동물조차도 깔딱고개라는 가파른 언덕을 만나면 오르는데 힘겨워한다.
　사람도 어떤 일을 하는데, 어려운 고비를 만나면 자신이 가지고 있는 역량 즉 기량에 한계를 느낀다는 뜻을 비유한 말이다.

얼음 겨드랑이에 끼고 안 떠는 사람 없다.

　누구나 어려운 상황이나 힘든 일이 닥치면 그에 따른 반응을 보일 수밖에 없다. 이는 인간의 본능적인 반응으로써 어려움이나 고통 앞에서는 취약해지는 점을 비유한 말이다. 예로서 얼음을 죄에 비유해 보면 죄를 지은 저명인사가 법정 앞에서 느끼는 감정은 과연 어떠할까!

고통은 바닷물에 담가도 씻기지 않는다.

현재 처한 심리적 고통이나 아픔은 아무리 피하려고 해도 피할 길이 없음을 비유한 말이다.

바다처럼 큰 곳에 담가도 씻기지 않을 만큼, 큰 위로나 치유를 시도해도 쉽게 사라지지 않고 오래 지속될 수 있다는 뜻을 지니고 있다.

고독은 외로움이 아니라
새로운 인생을 창작하는 공간이다.

이는 고독이 단순히 혼자 있는 것이 아니라 내면적인 성장과 창의적인 공간을 제공하는 것이다.

고독을 통해 자신을 되돌아보는 것은 물론 사색과 창의적 사고를 통해 자신을 발전시킬 수 있는 시간과 공간이 제공되는 것이다.

고비가 있어야 산이고, 산은 넘어야 할 고비이다.

　누구나 어렵고 힘든 과정은 피하려고 한다. 그러나 어려움과 고난을 극복해야 성취가 있고, 그 과정에서 삶의 의미를 형성한다. 즉 난관을 극복하는 과정이 성장과 발전의 기회가 되며, 그것이 삶의 가치를 창출하는 중요한 요소가 된다.

고양이 제 그림자에 놀라 뛰는 사이에
쥐새끼 줄행랑친다.

　기회를 놓치지 말라는 뜻이다. 자칫 한눈을 파는 사이에 목적했던 목표물을 잃어버리게 된다. 목적 달성을 위해서는 하는 일에 집념해야 한다. 고양이가 자신의 그림자에 놀라 뛰는 사이에도 쥐새끼를 잡을 정도로 순간적인 기회를 포착하는 것이 중요하다.

엄마 눈빛 속에 있는
아이는 세상을 두려워하지 않는다.

　누구나 새로운 환경을 접하게 되면 당황하거나 새로운 일에 도전하는 데는 두려움을 갖게 된다. 그러나 어머니의 눈빛은 아이에게 큰 위로와 안정을 주며, 그 결과로 아이는 어려움이나 두려움을 극복한다. 따라서 새로운 환경과 새로운 일이 닥치면 어딘가 의존하고 싶은 마음을 가지게 된다. 그 의지할 곳은 바로 정확한 정보이다.

장 안 담고
아궁이에 불 안 지펴 본 시어머니 없다.

　젊은 시절에 고생 안 한 시어머니가 없다는 뜻으로 자신은 정작 장 담아 본 적도 없고, 가마솥에 밥 지어본 적도 없으면서 남을 비아냥거리거나 꾸짖기 위해 자기 자랑만 늘어놓음을 비유해서 하는 말이다.

욕심 많은 놈
땅속에 기와집 지어놓고 죽는다.

사람의 욕구는 무궁하다. 그러나 그 욕구가 무분별하게 도를 넘는다면 또한 문제이다. 욕심이 많은 사람은 죽어서 자신이 묻힐 곳까지 준비한다. 욕심을 부리다 끝내 그 욕심 때문에 해를 입게 된다는 뜻으로, 지나친 욕심은 결국에 자신을 망치게 된다는 의미를 비유한 말이다.

미친개 가둬도 날뛰듯,
못된 놈 주둥이 막아도 막 말한다.

그릇된 사고와 습관에 갇혀있는 사람은 일시적으로 어떤 제약이나 억압을 받더라도 그 본성을 드러낸다. 행동을 변화시키기 위해서는 표면적인 억압으로는 한계점이 있음으로써 근본적인 변화를 위해 자신의 습성을 이해하고, 긍정적인 사고의 방향으로 변화에 초점을 맞추어야 한다.

물은 계곡을 마다 않고
계곡은 태산과 함께 논다.

    태고의 대자연은 서로 상호의존 관계에서 공존한다. 즉 자연의 흐름과 조화, 자연의 순리, 유연함과 협력이 중요하다. 따라서 우리도 평생을 일과 함께하며 작은 것과 큰 것이 상호 깊은 관련성을 갖고 성장해 간다. 즉 작은 창의적 사고를 바탕으로 무한한 변화를 맞이하면서 살아간다.

변화는 논리적 주장이 아니라,
창의적 사고를 시도하는 것이다.

    상황을 이끌어 가는 주체는 자신이기에 본인 생각에 따라 변화가 실현된다. 따라서 상황 변화를 이루기 위해서는 상대를 단순히 논리적으로 설득하는 것으로는 부족하다. 자신이 창의적 사고, 즉 기존의 틀을 벗어난 새로운 아이디어와 접근방식을 시도해야 진정한 변화를 불러올 수 있다.

밤에 잠을 자는 건
내일의 새로운 희망을 꿈꾸기 위해서다.

　잠자는 행위는 단순히 휴식 이상의 의미를 지닌다. 희망이라는 기대는 자기 자신과의 심리적인 싸움으로써 새로운 날을 통해 얻어지는 동력이다. 누구나 내일의 희망 속에서 긍정적인 마음으로 새로운 경험과 도전을 맞이하길 원한다. 왜냐하면 새로운 시작은 새로운 기회를 열어주기 때문이다.

요염한 자태는 눈을 홀리고,
중후한 심근心根은 대중을 끌고 간다.

　우리는 무엇을 평가할 때 성질이나 본질이 어떠한가를 찾으려고 한다. 사람 또한, 요염한 자태는 시선을 사로잡는데 효과적이지만, 내면적인 부분은 알 수 없다. 반면 깊고 진중한 성품을 가진 사람은 보면 신뢰감과 안도감 등의 인상으로 남고, 많은 이를 오래도록 끌어당긴다.

항해해 보지 않고서
풍파에 시달리는 고통을 어찌 알리오.

　직접 경험해 보지 않고서는 어려움이나 고통을 제대로 이해할 수 없다. 이는 이론이나 간접적 습득한 지식만으로는 실제 상황의 어려움과 복잡함을 온전히 알 수 없다. 따라서 진정한 이해와 배움에 기반하여 직접 체험하고 부딪혀서 얻는 가치가 훨씬 중요하다는 뜻을 담고 있다.

기약 없이 태어난 것은 이별도 기약이 없다.

　만물도 기후 환경 변화에 따라 불확실하게 작용하듯이, 인생도 시작과 끝이 모두 예측할 수 없이 변한다. 인간이 언제 태어날지 언제 이별할지도 미리 알 수 없다. 즉 인생에는 예측할 수 없는 사건들로 가득 차 있다. 불확실성 속에서 살아가고 있기에 매 순간을 소중히 여기고, 현재를 충실하게 살아가는 것이 아름답고 행복한 것이다.

한해살이 꽃도 열매를 맺는데
만백년 인생에 맺지 못할까 걱정할 이유없다.

　인생의 과정과 결과에 대해 조급해하지 말라. 한해살이 꽃조차도 그 짧은 생애를 마치고 나면 열매를 맺듯이, 긴 인생 속에서 언젠가 반드시 노력의 결실은 얻을 수 있다. 따라서 당장 성과가 보이지 않더라도 낙담하지 말고 꾸준히 노력하면 좋은 결과를 얻을 수 있다는 뜻을 담고 있다.

오가는 먹구름은 불안을 싹틔우지만,
마음이 오가면 매혹의 삶이 움튼다.

　상황에 따라서 똑같은 행동도 다른 결과를 가져올 수 있다. 맑은 하늘에 먹구름이 끼어들어 오락가락하면 불안을 일으키지만, 사람들 사이에 정담이 오가면 아름다운 서로 보듬는 마음이 생긴다. 이는 불신과 경쟁을 넘어 진정한 마음의 교류가 있을 때 긍정적이고 아름다운 결과를 얻을 수 있다는 뜻이다.

기다림이 길수록, 기대는 짐이 된다.

기다린다는 건 무엇인가 기대하는 것이다. 오랫동안 기다리다 보면 그에 대한 기대가 점점 커지지만, 동시에 그 기대가 부담으로 변할 수 있다. 따라서 오랜 기다림이 결국에 실망과 압박감으로 다가온다는 의미이다.

돈으로 시간은 살 수 없지만, 시간은 돈을 벌지 못한 자를 외면한다.

시간은 누구에게나 공평하게 흐른다. 돈이 아무리 많아도 흐르는 시간을 멈출 수는 없다. 시간 관리를 잘못하면 돈을 벌 기회조차 잃게 된다. 시간의 소중함과 재정적 성공에 대한 압박을 동시에 반영한 의미를 담고 있다.

의미 없는 대화는 소음일 뿐이다.

정보 과잉 시대에 살고 있다. 자아실현에 필요한 정보가 무엇인지 구별 없이 무분별하게 귀를 기울이는지 확인해 봐야 한다. 진정 필요한 정보가 무엇인지 소통의 중요성을 강조한 의미이다.

바람이 멈추지 않듯, 변화는 잠시도 멈추지 않는다.

다양화를 추구하고 급격히 변화하는 현대사회에서 끊임없는 자아 발전과 사회적 변화에 끊임없는 능동적인 적응의 필요성을 비유한 말이다.

넘치는 정보는 판단을 흐리게 한다.

모든 정보가 우리에게 건강한 지적능력을 배양하는 자양분과 슬기로운 지혜만을 제공하는 것만은 아니다. 오히려 과도한 정보가 창의력을 떨어트리고 정체성에 혼란을 초래한다는 의미이다.

성공은 결코 운이 아니라, 준비된 기회다.

기회는 준비된 사람만이 포착할 수 있다. 성공은 우연이나 행운이 찾아온 것보다, 준비된 사람에게 오는 결과이다. 즉 철저하게 준비하고 노력한 결과로 얻어진다는 의미이다.

빠르게 걷는다고 길을 더 잘 아는 건 아니다.

지식과 지혜를 받아들이는 건 빠를수록 좋다. 다만, 속도와 성급함으로 목표에 도달하려는 것이 아니라, 제대로 된 판단과 올바른 방향설정은 필수적으로 진중한 행동을 요구하는 의미이다.

손에 쥔 것이 많을수록, 두려움도 늘어난다.

사회적 풍토에서 인간의 행복한 삶의 기준은 물질에 있다고 생각한다. 그러나 때로는 물질적 풍요가 오히려 불만과 집착을 일으켜 정신적으로 피폐해진다는 의미이다.

모두가 같은 길을 간다고
그 길이 정답은 아니다.

　대중을 따라가는 건 자신의 가치관과 창의에 의한 창작력을 떨어뜨려 정체성을 상실할 수 있다. 따라서 집단의 선택이나 사회적 흐름이 항상 자신에게 맞는 것은 아님을 의미한다.

바쁜 일상 속에서
자신을 잃지 않는 것이 진짜 성공이다.

　급변하는 사회환경에서 현대인들의 생활 속에서도 자아를 잃지 않는 목표지향적 삶이 중요하다. 즉 바쁜 삶과 외적인 성취를 이루더라도, 자기 자신을 잃지 않고 본질적인 가치를 유지하는 것이 진정한 성공이라는 의미이다.

목표없는 열정은 불꽃 없는 폭죽이다.

폭죽에 불꽃이 없다면 실체를 잃은 것이다. 구체적인 목표나 방향 없이 열정만으로 행동하는 건 행복한 삶, 일의 의미 및 효과가 없다. 즉 열정만으로는 성과나 만족을 얻기 어렵다는 의미이다.

문을 열지 않으면
기회도 문밖에서 기다릴 뿐이다.

스스로 행동하거나 변화를 받아들이지 않으면, 기회가 찾아와도 그것을 잡을 수 없다. 즉 기회는 저절로 들어오는 것이 아니라, 문을 열고 적극적으로 나설 때 잡을 수 있다는 의미이다.

혼자 걷는 길도
빛나는 목적지가 있다면 외롭지 않다.

목적이 분명하게 있으면 그것에 집중하게 된다. 따라서 남들과 함께하지 않아도 자신만의 목표가 있어 외로움을 덜 수 있다는 의미이다.

강은 소리 없이 흐를 때 가장 깊다.

조용하고 겸손하게 행동하는 이가 진정한 깊이와 지혜를 가졌다는 의미이다. 즉 진정한 깊이와 내면의 가치가 드러나는 건 겉으로 표출되지 않는 조용한 순간에 있다.

구름이 태양을 가려도,
빛은 언제나 그 뒤에 있다.

일시적인 어려움이 있더라도, 진실한 가능성은 사라지지 않는다. 즉 어려움이나 일시적 시련이 있어도 긍정적인 가능성과 희망은 항상 존재한다는 희망의 메시지를 담고 있다.

꽃은 자신의 향기를 내세우지 않아도,
바람이 멀리까지 전한다.

진정한 가치는 굳이 자랑하지 않아도 자연스럽게 퍼져나간다. 즉 외적인 과시 없이도 내면의 가치와 본질을 인정받아 영향을 미칠 수 있다. 이는 겸손과 진정성을 강조하고 있다.

강물은 장애물을 만나면 흐름을 바꿀망정 멈추지 않는다.

어려움이나 도전에 직면했을 때, 그 상황에 적응하고 유연하게 대처해야 한다. 즉 변화와 도전을 마주할 때 굴하지 않고 유연하게 대응하는 끈기와 회복력(resilience)의 중요성을 표현한 의미이다.

숲은 한그루가 아닌, 함께 자라는 다양성에서 힘을 얻는다.

개인 혼자보다 다양한 사람들과 함께 할 때 더 큰 힘과 성공을 얻을 수 있다. 즉 공동체와 다양성을 갖고 함께 할 때 더 큰 성장이 가능하다는 진보적 가치를 의미한다.

뿌리가 보이지 않아도,
그 힘이 없으면 나무는 서지 못한다.

혁신적인 변화는 보이지 않는 곳에서 시작된다. 그리고 그 변화가 없으면 성장하지 못한다. 따라서 근본적인 변화가 중요한 발전의 동력이 된다는 의미다.

폭풍이 지나야 하늘이 맑아지고,
비가 멈춰야 무지개가 뜬다.

어려움이나 고난이 끝난 후에야 비로소 희망이나 아름다움이 찾아온다. 즉 현재의 어려움이 영원하지 않으며, 그것을 견디고 나면 새로운 기회와 희망이 찾아온다는 메시지이다.

대나무 크다고 해서
뿌리가 깊이 박히지 않는다.

사람은 단순히 겉모습이나 크기만으로 평가할 수 없다. 성공이나 외적인 모습이 크고 화려하더라도, 그에 기반이 되는 깊은 지식과 경험이 얼마만큼 뒷받침되어 있느냐에 따라 성공의 지속성을 보장한다는 의미다.

나침반 없는 배는 바람에 휘둘릴 뿐,
항구에 도착하지 못한다.

목표나 방향성이 없으면 아무리 열심히 움직여도 주위에서만 허우적거릴 뿐 결국 원하는 목적지에 도달할 수 없다.

해가 뜨지 않으면
아무리 달려도 길은 보이지 않는다.

목표설정과 명확한 계획이 중요하다. 구체적 목표나 계획이 없이 무작정 도전하여 달려가기만 해서는 제대로 된 결과를 얻지 못한다.

씨앗은 땅에 뿌리지 않으면 아무리
좋은 햇살과 비를 맞아도 자라지 못한다.

열정만으로는 부족하다. 구체적인 목표와 계획을 통해 충분한 전략을 세우고 그 열정을 실행에 옮겼을 때만이 성과를 거둘 수 있다.

거울을 잃은 사람은
자신이 누구인지 끝내 알지 못한다.

거울을 정체성 또는 달란트 등에 비유한 말이다. 자신의 정체성을 확립하지 못하거나 달란트를 찾지 못한 채 살아가는 사람은 진정한 자신을 찾지 못하고 방황하게 된다.

자신의 뿌리를 모르면
어떤 바람에도 쉽게 꺾인다.

자신의 정체성이나 근본을 이해하지 못하면 외부의 어려움이나 유혹에 쉽게 흔들리고, 삶에서 안정감을 잃게 된다. 자신의 가치관, 목적, 기량 등에 대한 확고한 기반을 굳혀야 한다.

자신의 그림자를 쫓는 사람은
빛을 찾을 수 없다.

자신의 약점이나 한계에만 집착하며 살면 진정한 목표나 가능성을 발견할 수 없다. 즉 외부의 기대나 사회적 기준만을 쫓아다니면, 결국 자신의 본질을 발견하지 못하고 헛된 길을 가게 된다.

철학없는 나무는 열매를 맺어도 쓰기만 하다.

인문학적 교육이 부족한 상태에서 성과를 내더라도 의미와 깊이가 궁핍해진다. 즉 삶의 본질적인 가치와 방향이 없는 성공이나 성취는 진정한 만족이나 행복을 만끽하지 못한 쓴 열매와 같다는 의미이다.

생각의 뿌리가 없는 탑은
높이 쌓을수록 쉽게 무너진다.

　기초적인 사고나 깊은 철학이 없으면, 아무리 커다란 성취나 성과를 이루더라도 그 기반이 약해서 결국엔 쉽게 무너질 수 있다. 즉 기반이 취약한 상태에서 쌓아 올린 성과는 외부 충격에 취약하다는 의미다.

문이 없는 집은 언제든지 무너질 수 있다.

　인문학적 사고와 교육은 가정과 사회에 있어서 중요한 문과 같다. 가정과 제도권 교육에서 이것을 잃으면 개인 삶의 본질적 가치나 방향을 잃어 사회 공동체에서 이탈적 행동을 하게 된다.

마치면서

　문명은 급변할지언정 자연은 변함없이 이치에 따라 흐르고, 인류는 그 속에서 각기 다른 가치관을 추구하며, 자신만의 길을 걷는다.
　이에 우리는 서로의 다름을 이해하고 공감하는 순간, 세대를 넘어서는 지혜가 싹튼다. 각자의 삶에서 배운 교훈과 지혜가 결국 하나로 이어져, 자연의 질서처럼 균형과 조화를 이루는 것이야말로 진정한 삶의 이치일 것이다.

　이제 우리가 할 일은 다양성이 존중되는 사회에 상호 공감하며, 그 속에서 각자의 삶의 지혜를 찾아가는 것이다.
　세대별 삶에서 추구하는 가치는 시대적 배경과 문화적 배경에 따라 다를 수 있다.
　따라서 오늘날 세상을 바라보고 추구하는 것도 나이가 들어가고 주어진 환경 등이 변함에 따라 가치관은 새로운 시각으로 바뀌게 될 것이다.
　필자가 자연의 이치에 비추어 아래와 같이 각 세대가 추구하는 가치관에 대해 공감력을 높이고자 나름대로 특성을 살펴보았다.

세대별 가치관

베이비붐 세대들은 1955년 전후 격변의 시대에 경제와 기술 혁신 및 사회적, 문화적, 환경적 측면에 걸쳐 광범위한 업적을 남긴 만큼, 경제적 가정적 안정 속에서 사회적 성공과 성취를 중요한 가치로 생각하는 경향이 있다.

X세대는 개인의 자율성과 독립을 통한 자립 안에서 일과 가정, 혹은 개인적 삶과 사회적 책임 간의 균형을 찾으려고 노력하는 경향이 있다.

밀레니얼 세대는 자신이 원하는 삶을 찾고, 이를 통해 개인의 의미를 발견하려는 성향이 강하다. 또한 물질적인 것보다 다양한 경험을 통해 삶을 풍요롭게 즐기려는 경향이 있다.

Z세대는 성장 과정에서 추구했던 아주 자연스러운 현상으로 다양한 선택과 가능성 속에서 다양성을 중시하며, 자유로운 삶을 추구한다. 그중에 중요하게 추구하는 가치관으로는 기술과 사회 변화를 주도하거나 새로운 방식으로 문제를 해결하려는 성향이 두드러진다.

자연 속의 나의 삶

　자연은 그 자체로 완전하며, 각 세대의 삶도 그 흐름 속에서 고유한 의미를 부여하며 살아간다. 우리는 서로 다른 세대를 살아가지만, 모두가 자연의 질서 안에서 배우고 성장한다는 점에서 결국 하나의 목표를 향해 나아간다.
　각 세대가 추구하는 가치와 특성을 이해하고 유대감을 가질 때, 우리는 더 큰 지혜를 얻을 수 있다.
　하지만 여기서 멈추지 말자. 유대감과 공감은 단순한 이해를 넘어 실천을 요구한다. 타인의 경험에서 배운 교훈을 삶 속에서 실천할 때, 비로소 진정한 지혜로 꽃피울 수 있다.

　우리의 질 높은 삶을 위해 자연의 법칙처럼 조화롭고 균형 있게 흘러가기를, 그리고 서로를 존중하며 살아가는 여정 속에서 더 많은 깨달음 안에서 실행하기를 희망한다. 세대를 초월한 공감은 우리 삶을 더 깊고 넓게 만드는 힘이 될 것이다.
　이 글을 읽는 독자들은 각자의 자리에서 그 힘을 발견하고, 나아가 가까운 사람과 함께 그 지혜를 나누길 바란다.

3분, 인생을 바꾸다

초판 1쇄 인쇄 2024년 11월 25일
초판 1쇄 발행 2024년 11월 25일

지은이 野村 이 청 원
펴낸이 임 윤 철

책임편집 정 원 연　　**디자인** 지 효 정

펴낸곳 기술과가치　**출판등록** 2013년 3월 11일 제2013-000049호
주　소 서울특별시 강남구 영동대로 602, 6층 지82호
이메일 cwlee0750@naver.com

ISBN 979-11-952893-7-0

- 책 값은 뒤표지에 있습니다.
- 파본은 구입하신 서점에서 교환해 드립니다.
- 이 책은 저작권법에 의하여 보호받는 저작물이므로 무단전제와 복제를 금합니다.
- 이 도서의 국립중앙도서관 출판도서목록(CIP)은 서지정보유통지원시스템 홈페이지
 (https://www.nl.go.kr/seoji)와 국가자료공동목록시스템(https://www.nl.go.kr/kolisnet)
 에서 이용하실 수 있습니다.